AF451305

Edición: Primera. Octubre de 2022.
Depósito legal: M-24453-2022
ISBN: 978-84-18929-79-3

Categoría THEMA: AGA Historia del Arte
ABA Teoría del Arte

Ilustración de tapa: Mariela Scafati. *Movilización* (2020). 65 paintings, KW Institute for Contemporary Art. Bienal de Berlín 11 (foto: galería Isla Flotante).
Diseño y composición: Gerardo Miño.
Lugar de impresión: Gráfica LAF. San Martín, Pcia de Buenos Aires, Argentina.

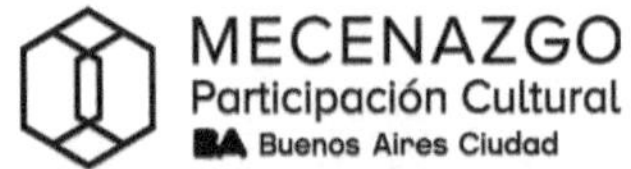

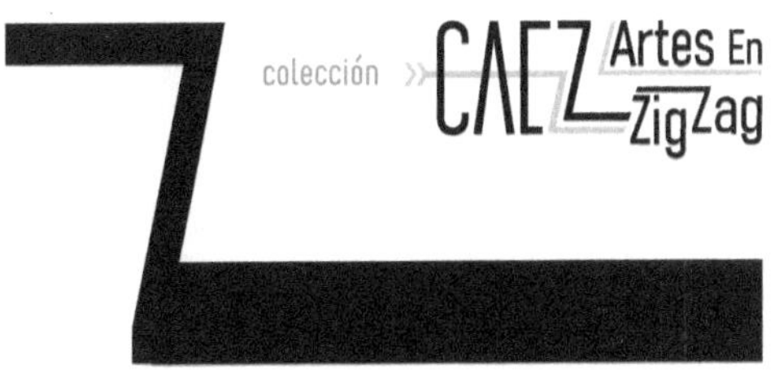

Dirigida por

Hernán Borisonik y

Fabián Ludueña Romandini

Como concepto unificado, el arte es un producto moderno. En la Antigüedad existían las artes, en plural: técnicas determinadas por la razón e insufladas por las musas. Entre los siglos XVII y XIX, arte y artistas contribuían a la formación sensible de las sociedades y al enriquecimiento estético de la experiencia del mundo. Desde la llegada de las vanguardias, los sujetos y objetos involucrados con los procesos artísticos han tendido a ser potencialmente ilimitados, tanto por la democratización de las condiciones de producción, como por el acercamiento y virtual confusión entre arte y diseño. De manera que vida y obra dejaron de ser espacios analíticamente distinguibles para imbricarse mutua y recíprocamente.

De este modo, la presente colección, de enfoque transdisciplinario, se propone reflexionar sobre las artes y las subjetividades de quienes se identifican como artistas, pero también sobre las formas en las que las obras son producidas, circuladas, exhibidas, archivadas y consumidas. Un espacio para sospechar de los límites entre poiesis, praxis y contemplación.

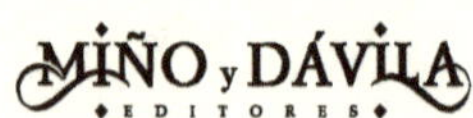

Dirección postal: Tacuarí 540, CABA, Argentina
e-mail producción: produccion@minoydavila.com
e-mail administración: info@minoydavila.com
web: www.minoydavila.com

HERNÁN BORISONIK

PERSISTENCIA DE LA PREGUNTA POR EL ARTE

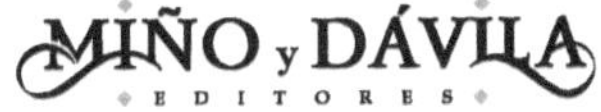
MIÑO y DÁVILA
EDITORES

ÍNDICE GENERAL

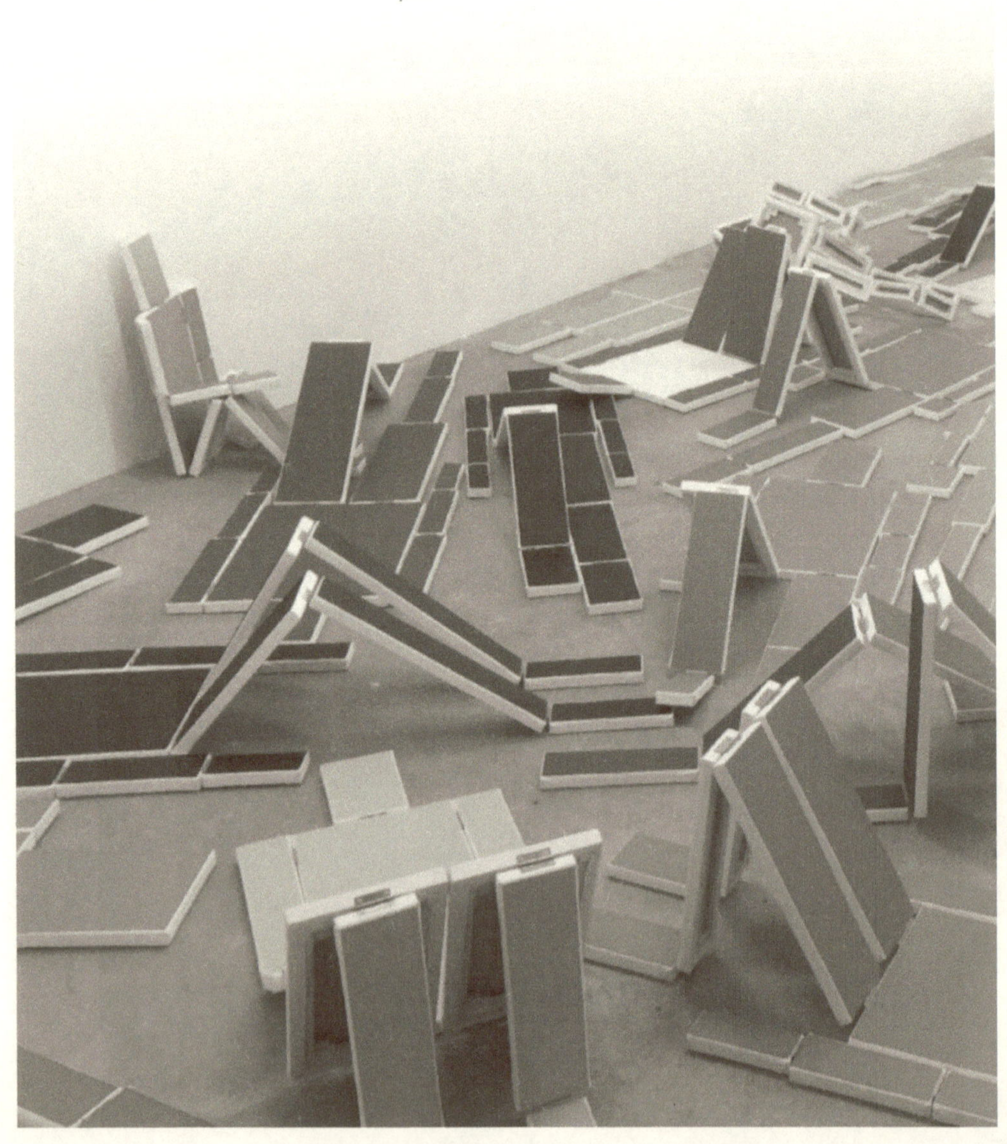

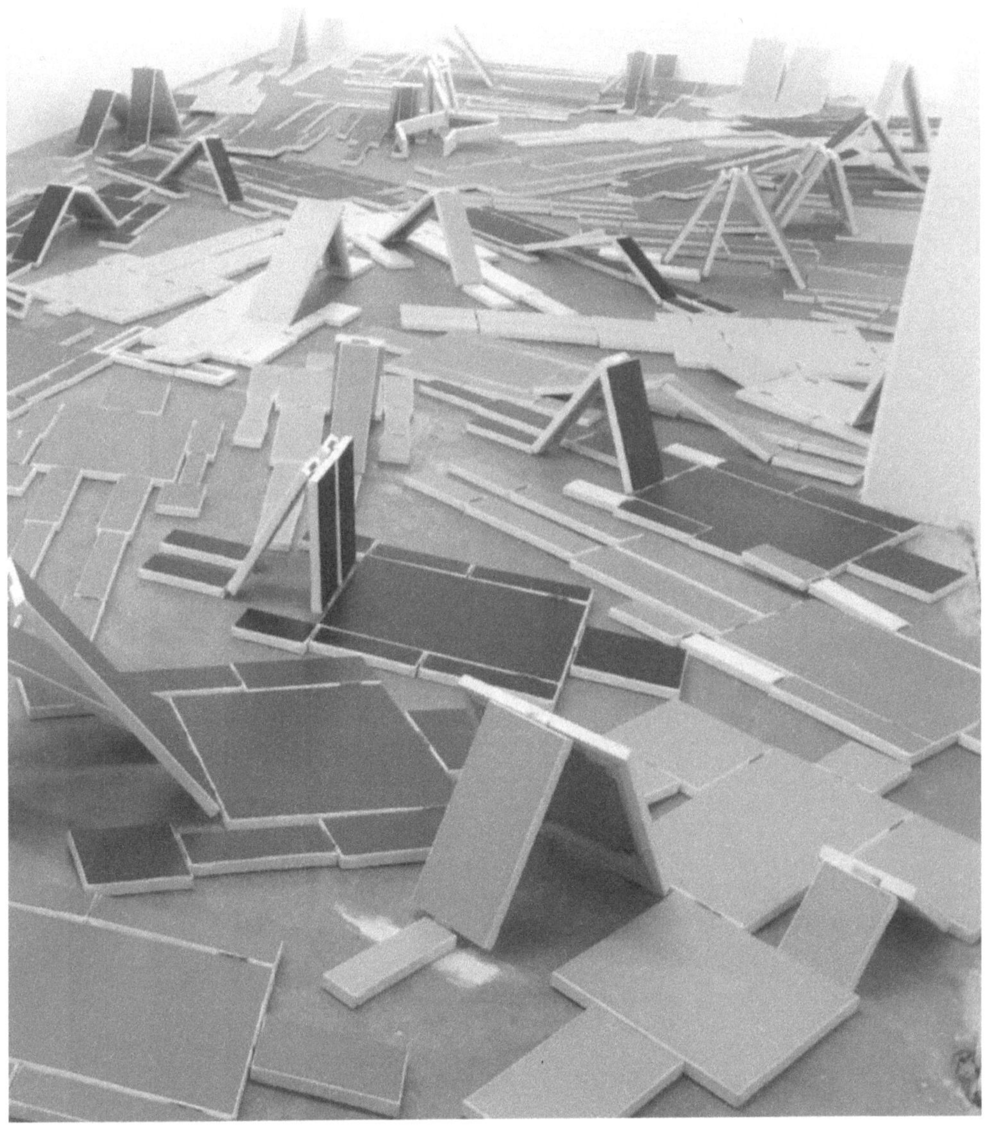

Prólogo

LA PREGUNTA INFINITA
por Manuel Ignacio Moyano

Buscará su propio afuera. El hardware que le da vida. No alcanzará sino la saturación de sus posibilidades. Quedará dando vueltas sobre sí misma. No habrá afuera. No habrá nadie para continuar. Continuará. Una totalidad virtual volviendo sobre sí misma infinitamente en el vacío repitiendo incluso estas mismas palabras. No hay palabras. No hay palabra que explique las palabras. No hay sistema que explique la totalidad del sistema.

Pablo Farrés, *Las pasiones alegres.*

Hace muchos años fui a ver una performance a un centro cultural ubicado en un barrio «popular», para decirlo con un eufemismo de jerga codificada. Al lado mío había una señora del lugar, una mujer de «bajos recursos» –otro eufemismo. Me preguntó: «¿qué hace este tipo?» Le respondí encogiendo los hombros. Lo único que recuerdo intensamente de esa tarde es aquella pregunta.

El prologuista está doblemente facilitado. Si escribe un buen prólogo, hace desear el texto que viene. Si redacta uno malo, también lo hace: el lector quiere huir hacia delante. Pero el prólogo puede ser demasiado malo y matar el texto que viene, hacerle decir todo lo que dirá y quemarle el deseo al lector. Conviene entonces evitar presentaciones excesivas e ir directo al corazón negro que late en las páginas de Hernán Borisonik, todas por venir, todas reclamando un porvenir.

Hay una urgencia en este libro que lo vuelve imprescindible y necesario. Esa urgencia se despliega en un estilo que recrea las mejores formas del ensayismo filosófico para escribir su manifestación esencial: es necesario rearmar una escena que por cansancio epocal y derrotas frente a la vida capitalista ya no existe. Esta vida totalizada de las relaciones humanas y no humanas, y totalizante de todas ellas, ha quebrado los canales del teatro que reclama el texto de Borisonik. El teatro de la escena teórica, la reflexión categorial, la rigurosidad conceptual del pensamiento apasionado. Después de todos los finales cantados –el del hombre, del arte, de la filosofía y de la historia–, todavía hay una necesidad que se podría tildar de rítmica. Por eso se retoma en estas páginas el ritmo del arte para pensar el presente, el pasado y el porvenir. Pero también se retoma el ritmo del presente, el pasado y el porvenir para pensar el estatuto del arte. Con un doble golpe, se trata de ir a uno para rebotar hacia el otro y viceversa.

Borisonik escribe lanzando dados para abrir el azar. Sus páginas corren porque son urgentes. Hay una pregunta intempestiva que recorre el arqueo agitado y espasmódico de estas líneas. *¿Qué es el arte hoy?* se trata de un interrogante que vale como tal, en su enunciación autopoiética. Demanda una y mil respuestas, pero también le quiebra la espalda a cada una de ellas y las pone en estado de permanente tensión. Les abre el cuerpo para encontrar en las vísceras un flujo de pensamientos precisos e intensos. Exige así aquella escena de reflexión agitada, sensible y categorial. Pensar con las cervicales.

La primera vez que leí *Persistencia de la pregunta por el arte*, creí que esa pregunta funcionaba al modo de un Virgilio que acompañaba al autor en el *infierno capitalista* para pensar una salida a través del arte. Ahora la veo más bien como una pregunta intensificadora, la única que puede poner todo en su justa medida: *en el flujo de redes que se cristalizan en ganancia económica para algunos* –quizás esta sea la única forma de la totalidad posible para el presente.

Con este libro, Borisonik está demandando asumir la realidad del estado de cosas actual. No ceder a ningún chantaje del presente, sea conservador o progresista. Ese es su coraje. Y para esto necesita hacerse de un libro de reflexiones que atraviesan la decadencia teórica y crítica actual. En su cometido, se vale de muchísimos nombres de la filosofía y el arte que elaboran su incomodidad con los tiempos actuales a través de obras, pensamientos, escrituras. Esta necesidad del autor lo excede. Pertenece al tiempo kairológico del ahora, al de la urgencia. A la vez, este volumen puede leerse en conjunto con sus libros anteriores. Si con *Dinero sagrado* el autor retoma la intención aristotélica de atender a la finalidad de las cosas para leerlas, y si en *Soporte* se atraviesan los cruces entre arte, política y economía en la contemporaneidad, con este nuevo libro se apuesta una vez más por el ensayismo filosófico. Y se lo hace con una finalidad específica: reabrir la pregunta actual e intempestiva sobre el arte cuando parece agotada en todas sus fases.

Insisto: la necesidad del autor es la necesidad del mundo actual, o lo que queda de él, la urgencia de poder decir sí a la vida, al arte y a la filosofía. Sostener la pregunta justa para poner a cada quien y a cada cosa en su lugar. No por pasiones disciplinares o policiacas, sino por una exigencia temblorosa que tiene como propósito abrir ese telón de fondo afirmativo: el sí intempestivo, ya no solo conceptual, cosmológico.

Con un punteo que hace saltar conexiones de las más avispadas –entre Nancy, Adorno, Schwärzbock, Marx, Rancière, Burello, Costa y muchos nombres más; desde Lascaux hasta la *Biennale di Venezia*, pasando por el entorno digital, las crisis climáticas de la tierra y tarifarios autogestionados por artistas argentinos–, *Persistencia de la pregunta por el arte* se mueve en una zona pantanosa y asfixiante. Pero un gesto se mantiene: intensificar el interrogante. Porque con esta intensificación, una zona diversa de la experiencia y la existencia parece abrirse paso, una vía que muestra algo Afuera de la totalidad del capital. Un Afuera que es el sistema que *siempre* falta para explicar la totalidad del sistema, desde y contra el cual el sistema se rearma en matrices cada vez más complejas.

Hay tres áreas que se despliegan permanentemente: los vínculos entre arte-vida, arte-política y arte-mercado. Es imposible tomarlas por separado y por eso el libro avanza sobre ellas, retrocede, se lateraliza y se sigue moviendo en una red de conexiones constante. Los debates en torno a la autonomía del arte, con el primado de las experiencias vanguardistas y neovanguardistas, son puestos en su tensión con las diversas formas del artivismo, cargadas de contenidos, mensajes y denuncias. Los hitos del escándalo de las exhibiciones, en su efectividad virósica, también.

Pero todas ellas se vuelven material de indagación filosófico-político al ser puestas sobre el gran escenario contemporáneo: la mercantilización total del arte –sea autónomo, artivista y/o polémico– en la actualidad.

Por momentos, en esa triada que se cose de manera continua entre vida, política y mercado, se alcanzan definiciones de alto grado ontológico:

> Si el deseo es algo ajeno a la voluntad individual (a la que, al revés, crea), acompañar la vida como creación y cristalización es algo que nunca podríamos evitar. Desde ese punto de vista, el arte se vuelve algo tan necesario como la alimentación o la sociabilidad. (p. 24)

Después hay momentos donde aparecen con claridad las marcas históricas de estos procesos:

> Por eso, habría que apuntar que la centralidad de los cuerpos ocurrida durante el último medio siglo se sostuvo sobre una mirada atravesada por otro importante proceso que es el de la digitalización de la experiencia vital. Eso supuso un modo de mirar que vuelve "dato", que vuelve información a todo lo que toca y, sobre todo, que entrega esos datos a plataformas virtuales que tienen la capacidad de procesar esa información de manera mucho más rápida e interconectada que nunca antes en la historia, lo cual nos deja a merced de intereses que ni siquiera terminamos de conocer o entender. (p. 25)

En medio de esas asunciones ontológicas que versan sobre el arte y su vínculo con la creatividad humana, como de aquellas historiográficas que precisan la modificación de los medios de producción y exhibición, con sus huellas precisas en el planeta Tierra y en los cuerpos del animal humano, hay una constante incisión filosófica. Y se da en un doble sentido: la historia y sus marcas son intensificadas desde aquellas premisas existenciales, estas son interrogadas en sus mutaciones epocales. Borisonik delinea con ese doble gesto la temporalidad que permite situar la pregunta en su actualidad, su contemporaneidad o simplemente su *tiempo-ahora*.

Sin embargo, hay algo del arte que es siempre actual, en acto, algo con lo que puede dialogarse más allá del tiempo lineal y que, además, es irreductible a cualquier análisis. Podríamos aventurarnos a decir que hay algo inagotable en la experiencia del arte, más allá de lo finita de la vida de cada individuo o de la especie humana. Y, no obstante, es innegable que la relación con ese "algo" y las formas asumidas por esa relación se modifican en consonancia con los tiempos históricos. (p. 30)

Entonces, una y otra vez, queda titilando una llama: ¿hay arte afuera del mercado capitalista?

Para insistir en esa pregunta son necesarias la ontología y la historia. Dar cuenta de los procesos de expropiación de la creatividad en pos de la acumulación, así como de los cambios en la relación arte-mercado. Ejercicios de precisión. Se reclama, una vez más, una gimnasia basada en aquella vieja disciplina de lo sensible: la *estética*.

Respecto del realismo capitalista que asalta al texto, la apreciación más clara de Borisonik delinea la nueva disponibilidad y dependencia del arte con respecto a las finanzas antes que con una clase social definida, como era la burguesía en el capitalismo industrial. El infierno capitalista contemporáneo se debe precisamente a esa mutación permanente que hoy hace del sistema financiero y sus flujos imparables las nuevas divinidades del post-mundo actual. La pregunta intempestiva adquiere una nueva versión: «¿Qué queda (si algo) de la autonomía del arte en el siglo XXI?» (p. 46). Pero inmediatamente, al final del párrafo que se abre con esta revisión del interrogante, se sitúa una radicalidad que brilla por su sencillez: «ahí *afuera* hay artistas buscando configurar las nuevas formulaciones, prácticas y experiencias del arte por venir» (p. 47, itálica mía).

La palabra que pliega el apocalipsis capitalista o post-capitalista es precisamente esa: Afuera. En esta dimensión se agita el porvenir. Borisonik lleva sobre sus hombros la cuestión abierta por Duchamp y tantos más a partir de sus gestos vanguardistas o simplemente contemporáneos, *¿qué es el arte hoy?*, no para denegar las prácticas artísticas actuales sino para exigirles ese afuera del realismo del capital. Una exigencia que es intelectual y también práctica, que es política y vital. Pensar con las manos el porvenir.

Para esto es necesario contar con estrategias. El autor lega algunas esparcidas con la misma intensidad de la pregunta infinita. Entre ellas, la más insistente sería encontrar las fronteras entre arte y diseño. Ahí donde la obra en retirada dejó un nuevo monstruo, el artista como mercancía absoluta, se insiste vía Boris Groys en la necesidad de quitar la dimensión económica que el diseño introduce en el arte. Esa dimensión tiene una finalidad específica: convertir la creatividad en ganancia económica, en resultado cuantitativo. Esa frontera a construir exige críticas, teorías y prácticas astutas.

En una vida que ya no se rige por una idea de mundo a interpretar al modo inaugurado en el *Rinacismento*, sino como un texto redactado por un «complejo tecno-financiero», los códigos digitales de la vida se han convertido en un nuevo lenguaje. Se trata de una forma lingüística que en sus operaciones implican una auto-lectura permanente dirigida por una clase «vectorialista», al decir de McKenzie Wark. Códigos que aprenden sobre la marcha la propia producción de información, que pueden incluso aprender de sus errores y capitalizarlos en nuevos datos. En esto, el arte es convertido en programación y permanente modelización del porvenir. Pero al hacerlo, elimina ese futuro y lo vuelve presente. La actualidad se eterniza como diseño, no como arte.

Las diferencias entre lo verdadero o real y lo engañoso o metafórico han caído para siempre. Si antes había una frontera entre la ficción y la realidad, siempre móvil y en permanente reconstrucción, ahora con la vida digitalizada en códigos de auto-lectura informativa, con todas sus consecuencias materiales, vivimos en un texto sin mundo. Códigos que pululan y tienden a gobernarse por la abstracción financiera, la acumulación *infinita* del dinero por quienes manejan los vectores de la red.

Sin embargo, hay una sobrevida del arte que *a pesar de todo* no se rige por esos códigos de datificación y procesamiento de datos.

> No podemos escapar del arte –señala Borisonik–, más allá de que no podamos definirlo de forma exhaustiva; nos encontramos atravesados por impulsos sensibles y estéticos que van más allá de la comprensión o la voluntad, que nos toman y a los que tomamos como cuerdas estimuladas por determinadas vibraciones. (p. 63)

En esta imposibilidad de rehuir a la pregunta por el arte, aun cuando no podamos sostener una definición genérica y unívoca, se alcanza un hackeo de esos códigos. Hay materiales sensibles, afectos que afectan y son afectados, que se escapan a la red de auto-lectura codificada. Esto obliga, más bien Borisonik nos obliga, a una asunción ontológica: *hay* arte. La paradoja es que no podemos referirlo, pero tampoco dejar de preguntarnos por eso que está afuera. *La sola pregunta por el afuera es el Afuera, aún cuando esa pregunta sea propia del sistema.* Por mínimos que sean esos materiales afectivos, esos pequeños temblores, sus consecuencias son incalculables. Y fundamentalmente ilegibles por las matrices de auto-lectura. Hay un hackeo que no es del individuo, que no es de alguien que juega voluntariamente «contra» el programa en un entorno donde las reglas se definen verticalmente. Son desviaciones de ese lenguaje absoluto. Existen e insisten. Son ontológicas. La tarea es atender e incidir en sus efectos subjetivantes y políticos. Y saber que están en cualquier parte del sistema. El arte, y con esto extremo las consecuencias del libro, se da como la creación de lo ya existente –horadar las posibilidades infinitas de auto-lectura financiera. Es una nueva lucha de clases, de dos clases de infinitos: la pregunta por el arte versus la afirmación del dinero.

Corolario inmediato: el Afuera que abre esta interrogación se debe buscar, con el pensamiento y los sentidos, en el infierno capitalista. En esto, no se trata ni de la *democratización de baja intensidad* que propone una visión post-autónoma del arte, donde cada cual puede ser artista si así funda su autopercepción, como tampoco de *l'art pour l'art* de formalismos demodé, hijos de un placer burgués que ya no existe. La autonomía del arte, si pensable hoy, parece ser posible afuera del diseño programado, de la auto-lectura del lenguaje financiero o los fetichismos artísticos en boga. Pero ese afuera está acá y ahora, adentro del diseño, las finanzas y los autoproclamados artistas. Es la *potencia de no* que se conserva incluso en el pasaje al acto de cualquier obra y que la corroe internamente abriendo cada vez más sus posibilidades, sugiere Borisonik con ecos agambenianos.

Segundo corolario: si la crítica de arte perdió razón de ser, si se convirtió en biografía de artistas, información banal de los materiales usados o juegos de palabras pseudo-poéticos que no pretenden bajo ningún aspecto una tarea hermenéutica, hoy encuentra su posibilidad como lectura que hackea las lecturas de los códigos. No una nueva interpretación, sino una lectura como intensificación del *poder no ser eso* que los códigos del sistema imponen con sus diseños. *Poder no ser mercancía*. Si por vía rancièrana el arte es inseparable de sus regímenes de lectura, pareciera ahora, que en y desde Borisonik, se puede elaborar la pregunta crítica sobre el arte hoy como una forma de plantar resistencias a la auto-lectura codificante y vectorializada. Una lectura que no interpreta lo existente, sino que lo crea como el cristal opaco y fétido de la matrix, un error del que no se aprende. De ahí sus paradojas.

Si de crear lo que ya existe se trata, de alcanzar la potencia de no ser mercancía que sobrevive en cada obra, el arte es su propio Afuera. Se encarga de crear *un arte afuera del arte y una vida afuera de la vida*. El porvenir, la potencia de no ser solamente eso que se es hoy. Ni valor de uso ni valor de cambio, tampoco valor de exhibición. El arte funda un *valor extático* que lo pone por siempre fuera de sí mismo y por eso obliga a recomenzar la pregunta.

Manuel Ignacio Moyano

Buenos Aires, agosto de 2022

HERNÁN BORISONIK

PERSISTENCIA DE LA PREGUNTA POR EL ARTE

Todos combatimos a un único enemigo
del cual formamos parte

"La batalla de los ausentes"
Compañía La Zaranda

1

En el año 2015, una de las marcas de la Bienal de Venecia fue su acentuada mirada política. Siguiendo una tendencia que ya tenía algún tiempo en ese tipo de eventos (tal vez más a la vista desde la documenta 13, de 2012), la orientación hacia críticas sistémicas y respuestas concretas estuvo resaltada en aquella *Biennale*. Su curador, Okwui Enwezor (politólogo norteamericano nacido en Nigeria), ya había mostrado esa impronta en otras bienales y en la dirección impuesta en su gestión al frente de la Haus der Kunst de Múnich. En su *Statement* de presentación, Okwui citaba el *Das Kapital* de Marx, proponía un "Parlamento de las Formas" como "escenario para explorar proyectos históricos y contrahistóricos" y denunciaba "la explotación de la naturaleza a través de su mercantilización como recurso, la creciente estructura de la desigualdad y el debilitamiento del contrato social".

En ese contexto de gran significación y significatividad, el pabellón de Islandia se llevó mucha de la atención de la prensa no especializada en arte. En él se presentó un *site-specific*, a cargo del "controversial" Christoph Büchel, que consistía en la transformación de un espacio que había funcionado como iglesia católica en una mezquita. En 1973, el edificio hasta entonces llamado Santa Maria della Misericordia había dejado de pertenecer a la Iglesia por un decreto de quien era entonces el obispo de Venecia (y que más tarde se convertiría en Juan Pablo I), que lo clausuraba para el culto y permitía que, en adelante, pudiera ser empleado para fines profanos. El trasfondo de la obra es una de las temáticas más europeas que haya existido: la voluntad de "contener" al islam que desde hace siglos ronda las acciones y regulaciones de gobiernos de todo tipo. Es que una de las motivaciones de la creación del pabellón era la falta de un espacio de culto musulmán en Venecia,[1] pese a ser un municipio con unos 20.000 habitantes de religión islámica. El propio artista exhibió sus razones de manera bastante clara en la gacetilla de prensa: "el concepto de *The Mosque* está arraigado tanto en el contexto histórico de la profunda influencia de la cultura islámica en la ciudad de Venecia como en las implicaciones sociopolíticas de la migración global contemporánea".

Büchel había ambientado el antiguo templo con lámparas colgantes, una alfombra con arcos ojivales que apuntaban hacia La Meca y carteles escritos en árabe que informaban los horarios de la oración islámica. El revuelo ocasionado por la instalación se dio casi como siguiendo un guion cinematográfico. Pocos días después de su inauguración, un grupo numeroso de musulmanes hizo uso de las instalaciones para orar como si fuese un centro *verdaderamente* religioso, a la vez que le impidió la entrada a un académico que se negó a quitarse los zapatos. La polémica no tardó en instalarse y, mientras que el presidente de la comunidad musulmana veneciana, Mohamed Amin Al Ahdab, pidió "no rezar" en el pabellón para evitar "incomprensiones e instrumentalizaciones" (según le dijo al diario *El País* de España), la Iglesia católica presionó a la *Biennale* a raíz de las acciones que estaban ocurriendo, que a su vez le pidió explicaciones a la curadora Nina Magnufdottar, cuya respuesta fue (según el mismo diario) que "se trata de una obra de arte, para nosotros no existe ningún problema" y que "es un lugar para usos privados y ha sido almacén de *souvenirs*". Como sea, el conflicto tomó escala pública y el 23 de mayo Marco Agostini, el director general del Ayuntamiento de Venecia, decidió cerrar el pabellón por ser "un lugar de culto, no una obra de arte" y por no haber presentado los "documentos necesarios para tal uso", lo cual fue visto por el funcionario como una muestra de falta de respeto por "las reglas". La actuación de Agostini resuena y retumba

---

1   La primera mezquita *oficial* en ese territorio se inauguró recientemente, en junio de 2022.

en otras, como la del alcalde João Doria que en 2017 borró infinidad de *pichações* sobre los muros de San Pablo por no considerarlas arte.

Resumamos: la obra de Büchel (re)creó la primera mezquita de la ciudad de Venecia; algunas personas, haciéndose eco de la arquitectura del espacio, oraron; la Iglesia ejerció presión en contra del evento; la *Biennale*, cediendo, pidió explicaciones y la alcaldía veneciana cerró el espacio. Hay varias cuestiones de interés sobre este acontecimiento, como la potencia y performatividad de la disposición de los cuerpos y los objetos en el espacio, la insoslayable politicidad de los límites entre los ámbitos que constituyen a las experiencias humanas, el uso de la burocracia institucional (estatal, eclesiástica, privada) como arma política contra acciones que no pueden prohibirse por otras vías, y una larguísima serie de asuntos, prácticas y prejuicios que fueron puestos en evidencia por esta pieza. La instalación logró activar y poner en tensión todas estas categorías de manera creativa y llamativa. Sirvió para visibilizar una problemática profunda, lo cual reviste gran importancia en una época en la que las manifestaciones y los textos parecen nunca alcanzar para lograr ese tipo de efectividad. Pero, ¿movilizó *algo más* que eso?, ¿tuvo algún efecto en ese ámbito indecible que las marchas y las teorías nunca pueden terminar de formular? Y, sobre todo, ¿hemos renunciado a ese ámbito?

2

A partir del ocaso de la Unión Soviética y el triunfo del neoliberalismo como ideología rectora de la globalización se dio un fenómeno que comenzó como iniciativa de las grandes empresas multinacionales. Habilitados por una oleada de regulaciones estatales que socavaban derechos duramente conquistados, los grandes *holdings* de ese momento se convertirían en las verdaderas vanguardias –vanguardias negativas, si se quiere–, marcando el pulso de lo que las naciones, las instituciones públicas y privadas y los individuos realizarían sólo como reflejo o copia de esas iniciativas tan creativas como destructivas del entorno ambiental y social. El fenómeno en cuestión es el reverso de lo que Agamben reivindicaría apoyado en la aristotélica "potencia de no" (es decir, la posibilidad de no actualizar una potencia, de no hacer algo que está incluido en nuestras capacidades). Mientras que para el filósofo italiano, el lugar del no-actualizar una potencia es de enorme valor ("la maestría, contrariamente a un equívoco largamente difundido, no es la perfección formal, sino precisamente lo contrario: la conservación de la potencia en el acto, salvación de la imperfección en la forma perfecta. En la tela del maestro o en la página del gran escritor, la resistencia de la potencia-de-no se imprime en la obra como el íntimo manierismo presente en toda obra maestra", dice en *El fuego y el relato*), las empresas exprimen y hacen uso de su poderío para llevar a cabo acciones aunque estas excedan cualquier norma, tensando al extremo una forma del poder.

Los ejemplos son múltiples y claros: gastar (y generar) más energía que nunca en la historia de la Tierra sin ningún tipo de miramiento por las consecuencias eco-ambientales, preferir pagar multas que cumplir las leyes o presionar funcionarios públicos para modificar (o directamente ignorar) las normas vigentes y conseguir metas económicas. Lo vemos en los míseros cinco millones de pesos argentinos (al cambio de ese momento, unos 45.000 dólares estadounidenses) que Facebook pagó en enero de 2022 como multa por acceder sin permiso a los números de teléfono de los contactos de quienes descargan Whatsapp. O en los opulentos búnkeres subterráneos y asentamientos extraterrestres, equipados con comida y agua (entre otros servicios y comodidades), que los más altos beneficiarios del capital financiero vienen planificando para cuando el suelo que vio nacer al *Homo sapiens* sea inhabitable a causa de sus propias acciones. Pero también toca áreas novedosas, que van de la subrogación de vientres a la edición genética de ecosistemas completos con técnicas potencialmente revolucionarias como el CRISPR-Cas9. Y aunque en muchos casos se esgrimen pretextos ideológicos (como el avance o evolución de la humanidad), políticos o económicos, parte de este tipo de acciones se debe a la posibilidad de hacer un uso totalmente caprichoso del marco bajo la premisa que une el querer y el poder particularizados a una inequidad abismal que deja en manos de un puñado de personas la posibilidad casi ilimitada de pedir, cambiar y tomar todo lo que les viene en gana: "lo hago porque puedo".

Ese tipo de diseño, que tiende a ver al contexto como una serie de impedimentos o resistencias contra una programación proyectada unilateralmente, penetró también en las subjetividades y en las relaciones entre las personas y sus cuerpos. Por lo menos desde la década de 1980 (y más allá de algunas acciones muy puntuales y pioneras en ese campo), las intervenciones sobre el propio cuerpo comenzaron a verse como un problema estrictamente individual y no social, lo cual nos deja ante la paradoja contemporánea de ver con mayor aceptación algunas transformaciones por sobre otras, valiéndonos solamente de criterios subjetivos. Leyendo *El tercer inconsciente* de *Bifo* Berardi, observamos que "la aceleración neoliberal" insta a las personas a "consumir más y más, a obtener placer de una experiencia homologada", en una "pura descarga pulsional sin elaboración emocional" respaldada en la "ideología transhumanista que acompaña este estilo publicitario, incitando a los consumidores a invertir su dinero en el negocio de la inmortalidad: biotecnología, farmacología, ingeniería genética". Pero "sin una simbiosis con el placer, el deseo se convierte en el cruel motor de una carrera sin fin y sin alegría", continúa Berardi.

Los grandes poderes contemporáneos parecen haber comprendido bien que el deseo, en el fondo, no es una potencia sino un acto. No es algo que puja por hacerse realidad, sino que es la fuerza activa que crea la realidad social. El objeto del deseo es inexistente *a priori*, es el acto de ser seres deseantes el que nos empuja a cristalizarlo en acciones u objetos siempre imperfectos, no correspondientes y, por ende, cambiantes a la velocidad de la decepción. Ninguna concreción del deseo nos puede salvar ni garantizar la felicidad si no podemos asumir al deseo como un acto real y constante en la estructura humana. Los poderes reales captan eso muy bien y lo utilizan en su favor, ensombreciendo el hecho de que la pasión por acumular y hacer crecer el capital es cultural, no natural, y sus contornos son tan ilusorios como antiéticos.

Si el deseo es algo ajeno a la voluntad individual (a la que, al revés, crea), acompañar la vida como creación y cristalización es algo que nunca podríamos evitar. Desde ese punto de vista, el arte se vuelve algo tan necesario como la alimentación o la sociabilidad. Siguiendo ese razonamiento (y el "arte ampliado" de Joseph Beuys), podría pensarse a la vida humana como una vida artística y poner en cuestión la categoría de "artista profesional" (aspecto de gran resonancia con los tiempos actuales). Sin embargo, y aunque seamos su sustancia, someterse absolutamente al deseo sin mediarlo se está mostrando como una vía que nos dirige hacia la destrucción de nuestros cuerpos y nuestro entorno. La literalidad e inmediatez del deseo contemporáneo dejan huellas que no siempre aportan a la felicidad.

Edgardo Scott en su libro *Contacto* delineó en un apretado resumen varias de las preguntas que despierta una de las aristas de esta cuestión, que es tratar al cuerpo como un bien, como una propiedad y como el único lugar de expresión de nuestra existencia: "¿Por qué el cuerpo ha perdido su valor simbólico? ¿Por qué se lo quiere confundir con el organismo? ¿Por qué se lo han ido apropiando casi con facilidad la práctica y el discurso de nutricionistas, médicos clínicos –alopáticos y homeopáticos–, profesores de yoga –que mejorarán nuestra *postura*–, osteópatas, *personal trainers*, *coachs* de toda laya? Adalides todos, religiosos todos, fetichistas todos. El cuerpo es *uno* de los lugares donde el sujeto puede mostrarse. Pero solo *uno*".[2] El cuerpo se dice en singular, pero responde a procesos sociales (empezando por la palabra). Incluso en estos tiempos de literalidad, perspectivismo y localizacionismo debemos pensarlo como un ente colectivo y social.

2   La itálica pertenece al texto original.

Esta reducción del cuerpo a una "pura" biología que funciona (bien o mal) es el complemento perfecto de otra reducción: la de la actividad *online* a un puro gesto mental, abstracto, que elude la pesada carga cárnica y nos permite ser "quienes realmente somos". Como lo observó claramente Toni Navarro (en una nota intitulada "¿Hasta qué punto es verdad que lo digital nos libere del cuerpo?"), esa lectura interpreta a los entornos digitales como "un reino de libertad y posibilidad sin límites donde la identidad se vuelve fluida y la autorrepresentación no está constreñida por los marcadores sociales con los que nuestros cuerpos son leídos fuera de la pantalla". El rostro liso, blanqueado y rejuvenecido a la mano de cualquier filtro de Instagram o la creación de avatares y representaciones menos centradas en la apariencia humana se proponen como funciones emancipadoras de la virtualidad. "Pero –continúa Navarro– ahí reside la trampa de la supuesta descorporeización: los sistemas convencionales de representación de estatus del mundo real (el precio de unos zapatos, el logo de un bolso, los colores corporativos en un pañuelo, el tipo de maquillaje) han encontrado su traducción exacta en el mundo virtual". Incluso si alguien quisiera expresarse sin imágenes visuales, en Internet todo el tiempo se construyen proyecciones del yo y se crean trazas identitarias que funcionan y tienen consecuencias a ambos lados de la pantalla.

Por eso, habría que apuntar que la centralidad de los cuerpos ocurrida durante el último medio siglo se sostuvo sobre una mirada atravesada por otro importante proceso que es el de la digitalización de la experiencia vital. Eso supuso un modo de mirar que vuelve "dato", y eventualmente información, a todo lo que toca y, sobre todo, que entrega esos datos a plataformas virtuales que tienen la capacidad de procesar esa información de manera mucho más rápida e interconectada que nunca antes en la historia, lo cual nos deja a merced de intereses que ni siquiera terminamos de conocer o entender. Esta ola de digitalidad y democratización de los medios provocó una casi inmediata ilusión de inmaterialidad. Si hace pocos años, antes de sacar una foto había que sopesar el gasto (en dinero y en espacio) que esto significaba, ahora parecería que el recurso es ilimitado (lo cual es, por supuesto, falso: es imprescindible cargar las baterías de los teléfonos celulares con recursos casi completamente no renovables y las empresas de venta de espacio virtual para almacenamiento de datos son de las mayores del planeta).

Mientras tanto, otra cuestión que habría que atender es la de la posibilidad y la exigencia permanente (a veces, implícita) de generar "contenido", de hacer obra, de obrar (como trabajar), fundamentalmente a través de la formación o generación de imágenes que deben ser subidas a plataformas en Internet. Eso hace que cada individuo sea simultáneamente un sujeto productor permanente de cosas para ser miradas y un objeto de interés para otros. Lo primero (la producción) nos coloca, de algún modo, en el lugar clásico de los artistas, pero también de los trabajadores –quedando, así, ambos polos prácticamente indiferenciados–. Lo segundo (ser objetos) nos deja a merced de una imagen que oculta o censura al cuerpo biológico para agradar y seducir al prójimo.

El uso de la tecnología para emparejar la propia imagen mental con el cuerpo que cada cual habita supone, desde ya, un avance importante desde cualquier punto de vista, pero su impulso en el contexto de total mercantilización de la vida que acompañó a los desarrollos de la técnica tuvo como resultado la creación de enormes aparatos publicitarios que se montaron sobre la autopercepción para eludir cualquier trabajo de autoaceptación o, más en general, de asunción de ciertos límites a las posibilidades físicas o temporales de moldearse. Esto, en el fondo, remite a una negación de la muerte como final inexorable.

Precisamente, la idea de autopercepción fue una de las claves del incremento astronómico de artistas que caracteriza al siglo XXI. Si hoy hay más personas interesadas en generar imágenes que en ver las que otras generan es, en parte, gracias a ese proceso del cual la plataforma-aplicación Instagram podría ser considerado el ápice. Tal vez en contextos académicos o muy endogámicos se den aún ciertas tramas que limitan las posibilidades de autodenominarse artista; sin embargo, en plazas como las artes visuales estadounidenses, tales limitaciones no operan de modo tan generalizado. Concretamente, para pedir un subsidio o presentarse a un concurso de arte, no se precisa otra justificación que la voluntad y la afirmación de "ser artista". A la vez, ese estado del ser se ha difundido tanto en las sociedades contemporáneas que terminó siendo casi una banalidad. Desde el maquillaje hasta el deporte y la cocina, el arte como epíteto es aplicado livianamente a cualquier persona *talentosa* o digna de atención.

Frente a eso, ¿cómo pensar nuevos lazos posibles para una comunidad basada en la autopercepción de sus integrantes como artistas?

¿Habrá algún modo de articular las individualidades autoconstruidas por fuera de los imperativos de la mercantilización? ¿Podemos vincularnos con nuestro prójimo teniendo en consideración la constelación pulsional que nos organiza? ¿Lo queremos?

3

La frontera entre el arte y la vida siempre fue un tema crucial de las reflexiones sobre estética. En algún punto, el interés teórico por las uvas de Zeuxis, los estudios sobre Altamira, Lascaux, Tierra de Arnhem o La cueva de las manos y los debates (desde el siglo XVIII) sobre la autonomía del arte confluyen en problematizar esta idea. Sobra, de todos modos, cierto margen para preguntarnos si el arte *se fue autonomizando* o si la autonomía es un elemento siempre presente en el gesto artístico y, en ese caso, qué queda de ese gesto en la actualidad.

Para eso, podríamos comenzar con la tesis de Jean-Luc Nancy que afirma que lo que caracteriza al arte actual es una permanente pregunta por la propia categoría del arte. Pero, en un contexto en el que no hay marcos referenciales o esquemas que puedan dar sostén a una respuesta, tal pregunta implica un ejercicio muy complejo. Para Nancy, de hecho, hoy de esa pregunta queda solamente su enunciación (en bucle infinito). Deberíamos, no obstante, permitirnos matizar este planteo, ya que en el presente sí se está configurando, en los hechos, un marco referencial que tiene que ver con la ubicuidad digital, la democracia de baja intensidad y la aspiración a la eternización de la vida de la especie y de los individuos. Ese fundamento, aún no totalmente establecido, está implicado por nuevas constelaciones de poder y una virtual superación de sus antecesores (Dios, la naturaleza, la razón).

La cuestión fundamental a la que nos enfrentamos en esta *post-post-modernidad* (que ya elige más frecuentemente los 'neo' –neofeudalismo, neovitalismo, nuevo-realismo, neomaterialismo, etcétera– que los 'post' –más típicos de la década de 1990–) es lo inconcebible del Mundo como totalidad o unidad. El mundo que supo concebir la Modernidad, que era pasible de ser contemplado *desde afuera* por un observador abstracto y totalmente racional, ha desaparecido. Hoy el (ex-)mundo está conformado por perspectivas, siempre parciales, que no pueden captar un orden cósmico, sino proponer puntos de vista convincentes. Gracias a la astrofísica, sabemos que el mundo se expande, que se separa y desacopla a cada instante y que lo que avanza es la distancia, una distancia que reubica de manera inédita los vínculos entre fin y finalidad. Si desde la Antigüedad, el fin de la vida (por caso, la muerte) era moderado por la finalidad (la felicidad) y lo individual era subsumido de diversas maneras a algún tipo de universalidad, hoy la idea de finalidad parece haber desaparecido y de lo que se trata es de retrasar lo inevitable, el fin, la extinción total. No hay, entonces, otra tendencia que la que nos lleva a desaparecer en el olvido y la quietud, en el polvo cósmico que un día dejará de agitarse para siempre y volverá imposible cualquier probabilidad de reconstruir aquello que alguna vez fuimos. Así, cobra total actualidad la tesis de Simmel según la cual, ante la ausencia de una teleología y un fin último, los medios se convierten en fines. De modo que toda búsqueda de sentido es la mera reposición de otra cosa que sólo puede terminar en la nada (ya no en el todo). Justamente la certeza de la ausencia de un futuro como totalidad es el terror al que se enfrentan con todas sus armas quienes programan las llamadas inteligencias artificiales, en lucha por evaluar al presente a partir de la modelación de aquello por venir. ¿No es claramente esa la negación más espeluznante a la condición humana actual, la fuga más convincente y falsa que los nuevos poderes políticos podrían haber planteado como alternativa al vacío eterno al que nos dirigimos?

Nancy ha sugerido que, en las condiciones presentes, al desligar los fines individuales de un fin último, las acciones se dirigen hacia la inoperancia, el pensamiento hacia lo impensable y las representaciones son reemplazadas por la co-presencia: ya no se "produce" sentido, se "es" sentido al existir, lo verdadero es inverificable, inadecuado, en desplazamiento perpetuo. De modo que en la actualidad, la verdad es la existencia. Antes del "arte contemporáneo", había grandes marcos o esquematismos desde los cuales surgían y eran leídas las obras (naturaleza, mitología, religión, historia), cuyo gran final –según Nancy– fue el *Guernica* de Picasso y que luego fueron cayendo entre 1945 y la década de 1970. Por eso la profesión artística fue deviniendo más una forma de atestiguar que de crear, lo cual produce obras muy cargadas de significado. En ese escenario, Nancy procura rescatar un arte que mantenga suspendida toda conclusión, toda significación cerrada, pero que tenga aún la capacidad de significar algo.

Recordemos que la idea de "lo contemporáneo" que tenemos en nuestros días tuvo su origen durante el siglo XVIII, en los albores de la Revolución francesa (de hecho, es por eso que la historiografía denomina generalmente como "contemporánea" a la época inaugurada en 1789). En el mundo del arte, la idea de contemporaneidad fue incorporada mucho más tarde y se siguieron llamando "modernas" a las expresiones de casi todo el siglo XIX. Sin embargo, una vez asimilado el término, fue apropiado por diferentes vanguardias, y luego (con mucha fuerza) por el arte pop de la década de 1960. Desde entonces, el arte contemporáneo fue convirtiéndose en una categoría cerrada, corrida del tiempo, que responde a ciertos cánones y exigencias. Para Nancy, el "arte contemporáneo" actual es una categoría que pertenece más a la historia del arte que a la vida coetánea. Es decir, ya no es la actualidad o simultaneidad con el tiempo presente lo único que caracteriza a las producciones artísticas "contemporáneas", al punto que hoy hay obras que no son consideradas contemporáneas, pese a ser producidas en el presente.

Sin embargo, hay algo del arte que es siempre actual, en acto, algo con lo que puede dialogarse más allá del tiempo lineal y que, además, es irreductible a cualquier análisis. Podríamos aventurarnos a decir que hay algo inagotable en la experiencia del arte, más allá de lo finita de la vida de cada individuo o de la especie humana. Y, no obstante, es innegable que la relación con ese "algo" y las formas asumidas por esa relación se modifican en consonancia con los tiempos históricos.

Tal vez por eso, Nancy prefiere hablar de "el arte hoy" que del arte contemporáneo como categoría. Este pensador sostiene que existe una *pluralidad originaria de las artes*, por ser estas prácticas heterogéneas e imposibles de reducir a una unidad. Por eso, constantemente nos encontramos frente al surgimiento y la desaparición de artes que no se derivan de un *UR*-arte, sino que son cada una un "en sí". El arte (en singular) sólo tiene existencia, para el filósofo, en el discurso, es decir, que las artes son las que hacen al arte y no viceversa. Al mismo tiempo, afirmó que el problema del "arte contemporáneo" no es que no se entienda (como muchos de sus detractores indican en sorna), sino que se entiende *demasiado*, que se aferra a significaciones cerradas en lugar de abrir un surco al vacío conceptual último de la existencia al que *debería* enfrentarnos.

Sin embargo, Nancy encuentra ahí la verdadera potencia, la potencia política, del "arte contemporáneo": que puede tomarse como un campo de batalla abierto, no cancelado por un estilo o un fin último. La forma del arte contemporáneo es la forma de la pregunta, no se somete a los grandes esquemas apriorísticos kantianos. La pregunta sobre el arte se hace, entonces, sobre un nuevo trasfondo.

Es preciso, eso sí, tener en cuenta que el arte actual no está sólo forjado por obras como las que menciona Nancy (todas atadas muy rápidamente a la significación o al mensaje) o la mezquita veneciana de Büchel, sino también por su opuesto complementario: formas *puras*, desligadas de cualquier posibilidad de contenido. De modo que nos hallamos en una escena muy compleja, anclada en la disputa permanente entre quienes critican y quienes reivindican al campo de las artes visuales. Esta desavenencia tiene características propias, dado que hoy lo visual (antes contenido dentro del universo estético) parece gobernar todos los ámbitos de nuestro quehacer.

¿Qué queda, entonces, del arte? Siguiendo aún, por ahora, a Nancy, quedan dos cosas, un gesto y –tras él– un "signo que no significa", un guiño que acompaña a una intención pero permanece ajeno a ella. Toda obra de arte, en este razonamiento, debe señalar sus límites, su afuera (y su ser un afuera), de modo que cualquier intento de *arte por el arte* es tan mezquino y fingido como el arte reducido a significaciones o utilidades (religiosas, políticas, éticas). Habría que decir, no obstante, que hace algunas décadas la relación entre arte y política tuvo efectos concretos y movilizantes en el terreno de las luchas emancipatorias (aunque no necesariamente del lado artístico). Es decir, que existían alianzas que hoy se encuentran casi totalmente desactivadas, por lo que las críticas al "arte político", por más que puedan ser relativamente justas desde una cátedra de estética, pueden ser muchas veces demasiado livianas y asumir con naturalidad la ausencia de ciertos vínculos que supieron marcar con fuerza la historia del siglo pasado.

4

François Zourabichvili buscó llevar a nuevos puertos la crítica de Deleuze a la metáfora (que defiende la inexistencia de una línea divisoria entre algo real y su figuración falsa o ficticia), diciendo que no hay una verdad a ser "expresada" en las obras, sino que la relación entre arte y mundo es de co-constitución. El arte no puede ser reducido a una actividad que logra pasar mensajes preexistentes (cosa que hace mucho mejor la publicidad); no es un acertijo ni una revelación, sino una forma de habitar con efectos sobre lo habitado. Sin embargo, lanzó una advertencia contra "el equívoco" por el cual parte importante del arte contemporáneo cree estar en contra la expresión, sin hacer otra cosa que alimentarla. Una obra no puede, tampoco, reducirse a sus condiciones de creación, ya que lo que nos atrapa del arte no es la pura diferencia individual, sino los puntos comunes con los que podemos identificarnos.

El arte se sitúa a una cierta distancia de la vida. Si se acerca demasiado, se pierden las mediaciones (digamos, el *Denkraum* y la *Distanz* de Warburg, la sublimación psicoanalítica), sin las que la posibilidad de convivir y sobrevivir se vuelven más difusas. La mediación es un espacio para poder ver qué sentimos y tener contacto con lo real sin que nos destruya. Si no hay distancia, no hay Afuera y todo es visto como obra, lo cual nos entrega a la literalidad total ("ser" obra) o a la demanda permanente de experiencia. En su *El arte como juego*, Zourabichvili exalta, precisamente, al arte que puede distanciarse momentáneamente de la vida, por ser una interacción con la realidad que no es puramente expresiva o mimética que "supone la interrupción, la suspensión de las tres dimensiones [de la vida]: práctica, afectiva y social". Pero si bien es problemático buscar un mensaje ("interpretar") en las obras, tampoco resulta productivo pensar en ellas como entidades carentes de todo sentido. No debemos buscar un mensaje coherente que abandone la lógica interna de la obra, pero tampoco abandonar toda posibilidad de relación entre obra, lenguaje y mundo. "El arte nos arranca de nuestra vida para hacernos entrar en una relación diferente con ella, o simplemente para hacernos entrar en relación con ella. Nunca es olvido de la vida". El arte es, entonces, una intensificación de la vida a través de una sinuosidad que separa y une a la vez.

Para Zourabichvili, el arte se distingue del resto de la vida por su "ser juego", que en este caso tiene que ver con la posibilidad de poner en suspenso las reglas de la existencia con cierta autonomía, por fuera de los fines utilitarios. De modo que el devenir humano tendría que ver con la capacidad de jugar, del mismo modo que la contemplación, lejos de ser pura pasividad, es comprendida como una acción en la que quien contempla pone en acto las reglas de la obra. Asimismo, dentro de esta lógica, crear una obra es como crear juegos o proponer nuevas reglas para resolverlos. Tal vez por eso, la sofisticación y opacidad de las obras con el paso del tiempo se fue complejizando tanto que hoy es muy difícil poder relacionarse con una obra sin reponer las condiciones en las que fuera creada. Todas esas exigencias hicieron del arte contemporáneo un espacio elitista y excluyente que, además, se expone a no poder alimentar esa distancia tan necesaria para cualquier deriva sensible que busque zambullirse en las miserias del deseo sin perderse totalmente en él ni censurarlo completamente diluyéndolo en conceptos.

"Estética" fue el nombre dado a un giro que se dio hacia el fin del siglo XVIII que implicó el descubrimiento de la imposibilidad de toda práctica filosófica (no así de su historización) sin reflexionar sobre el arte. Fue una (sub)disciplina que apareció como respuesta a la necesidad de la filosofía de indagar en la sensibilidad, en el mundo opaco e inagotable del que la filosofía podía dar cuenta, pero no describir ni representar. Y dado que el arte es una forma de entendimiento que se desarrolla propiamente en la lógica de lo sensible y no puede reducirse a lo que se diga de ella, la estética apareció como ancla esperanzadora que permitió seguir profundizando en el diálogo filosófico.

Según Zourabichvili, por un lado "la figura del 'filósofo sabio' fue reemplazada por la del 'filósofo artista' a fines del siglo XVIII", aunque por el otro "corresponde a los artistas, y no a los filósofos, responder a la pregunta sobre qué es el arte. ¡Los filósofos siempre están frente al arte ya realizado". De cara a eso, surgen dos cuestiones. La primera es pensar si la figura del artista sigue siendo el ideal del filósofo. ¿No habrá sido

Sartre el último? Tal vez estamos ahora frente a nuevas figuraciones, como la del 'filósofo técnico' que produce *papers* y se profesionaliza, la del 'filósofo periodista' que divulga "contenidos" o la del 'filósofo militante' que "pone el cuerpo" en causas políticas. La segunda cuestión es, tal vez, más evidente: los filósofos no pueden responder qué es el arte, como los artistas no pueden responder ninguna pregunta en la lengua de la filosofía. Pero ¿por qué debería ser esperable que las artes resuelvan los problemas de la vida? Menuda tarea es ya tener la capacidad de enunciarlos y permitirnos verlos con cierta distancia.

5

Quienes defienden el arte contemporáneo frente a una crítica anticuada o conservadora que hoy abunda (una mirada que no soporta ver caca, ruedas de bicicletas, tiburones o bananas en museos, ocupando el lugar de las obras y vendiéndose a precios astronómicos) suelen tildar a esa crítica de "burguesa". Lo hacen con algo de razón, porque asumen que esa mirada es fiduciaria del esquema de valores del siglo XIX. El sistema del arte del siglo XIX era netamente burgués, apoyaba directa o indirectamente el colonialismo blanco y desdeñaba a las masas. Era un régimen que veía en las expresiones plebeyas una pura sustancia folclórica que, a lo sumo, podía servir como tema, pero a la que eventualmente había que modelar con valores que eran presentados como universales (aunque representaban intereses particulares: aquellos que convenían a la burguesía industrial). De modo que tildar de burguesa a la postura que reprueba la liviandad, falta de técnica y, sobre todo, ausencia del elemento sublime en las artes actuales tiene un viso de realidad innegable. Pero eso no agota los frentes de la crítica y, al contrario, busca sacarse de encima una batería de problemas que son de gran relevancia.

Es cierto que el "odio al arte" contemporáneo (como lo denominó Syd Krochmalny en un breve ensayo) está encarnado en sujetos muy diferentes a quienes criticaban al arte de los siglos anteriores. La aversión actual "encuentra un medio y un canal de expresión a través de las redes sociales que incluyen a la escena del arte como parte de una red más extensa. Es así, que los *odiadores* crean cuentas en internet para volcar su aversión y replicar los contenidos que el Moma y el Guggenheim –como la mayoría de los museos– publican en sus cuentas de Instagram, YouTube y otras plataformas", dice Krochmalny. Son *influencers* (o aspirantes a serlo) que buscan popularidad y logran catalizar de algún modo el rencor social generalizado, que se dirige tanto a artistas como a deportistas, a *celebrities* como a figuras políticas. Es decir, el centro del odio y de la deformada herencia burguesa descansa hoy en una serie de sujetos que en la mayoría de los casos no cuentan con formación en (ni pertenencia a) los universos que critican desde sus computadoras y teléfonos. Pero, de nuevo, existen puntos subrayados por estas posiciones que, más allá de que se formulan desde un marco que los hace incoherentes, no dejan de resonar con algunas observaciones que es preciso hacer.

Por eso, para poder encuadrar los discursos acerca del arte contemporáneo, es esencial comenzar por observar a qué intereses sirve el sistema actual. El fino trabajo de sociología política y economía del arte, que se vomita casi sin mediación sobre los restos del arte académico y sus estreñidas y angustiadas defensas, no se lleva a cabo con el mismo ímpetu cuando se habla del arte de las últimas dos décadas. Y sobre todo, en la mayoría de los casos, termina dando más la impresión de ser una defensa corporativa que una construcción articulada hacia una apertura del arte contemporáneo a un público que se siente ajeno, desinteresado e incluso se posiciona desde la burla, el antagonismo y la irritación.

¿A quién sirve hoy el régimen del arte? ¿A qué matriz responden el individualismo, la moralina y la ininteligibilidad que forman parte del ecosistema artístico y hacen espejo en quienes lo odian? A la alta burguesía de los siglos dorados del imperialismo europeo e industrial seguro que no. Y no tanto por conquistas o voluntades de artistas y aledaños, sino principalmente porque esa clase social ya no existe como tal. El entramado de poder que hizo en gran parte de sostén de las artes entre los siglos XV y XIX desapareció. Pero no se esfumó por los aires. Fue reemplazado, reconvertido y refundido por un angosto caldo formado por grandes empresarios y representantes del capital financiero. Esta nueva clase dominante no hace alarde de su "buen gusto", sino de su potencia económica y su influencia global; no está enamorada del espíritu europeo, sino de la literalidad e inmediatez de su capacidad de tener absolutamente lo que quiere o hacer que alguien lo invente. Esa gente nos gobierna y capitaliza nuestra creatividad. Para esa gente (que está por destruir el mundo) se trabaja, se escribe y se produce.

El arte *más* contemporáneo no es burgués, no puede ser burgués ni podría serlo, porque no hay burguesía que lo sustente. Pero mucho menos que burgués es proletario o emancipatorio. A lo sumo, podrá ser considerado libertario o anarcocapitalista. El derecho a vivir del propio trabajo o las propias creaciones no puede sostenerse en los constantes ruegos y agradecimientos a las grandes fortunas, si quiere hablar en nombre de la libertad. La defensa de la autodeterminación no debería confundir trabajo (el hacer, crear o transformar) con empleo (trabajar por una paga) ni olvidar las infinitas mediaciones que hacen que un sujeto pueda materializar sus ideas y vivir de y con ellas. Por supuesto que existen colectivos artísticos con intenciones y actos valiosos e incluso efectivos, pero eso es secundario desde un punto de vista general, si finalmente no afectan las estructuras de poder (y, al contrario, a veces incluso las refuerzan). Tampoco conviene dejar de lado el hecho de que las estrategias emancipatorias de la izquierda del siglo XX fueron vaciadas de su potencial liberador durante los últimos cincuenta años por las fuerzas dominantes, que hoy pueden darse el lujo de solventar proyectos que las denuncian, desenmascaran e insultan (como la superproducción *Small Axe*, una esclarecedora y brillante miniserie de Steve McQueen sobre el maltrato recibido por la población migrante afro-caribeña en Londres, solventada por Amazon, representante principal del poder global contemporáneo y post-burgués). Y tal vez no fueron simplemente ideas "vaciadas de potencial", sino llevadas a sus consecuencias más extremas. *Bifo* Berardi se pregunta (nuevamente, en *El tercer inconsciente*) "¿cuál es el mensaje de *El Anti-Edipo*, ese libro que capturó la atención de tantos activistas e intelectuales jóvenes en los años setenta? ¿La promesa de la liberación del deseo o el anuncio de una venidera caída del deseo en la trampa del torbellino rizomático liberal?". Y responde: "el mensaje de *El Anti-Edipo* es que el deseo es el principal campo del devenir social; la arena del conflicto y el progreso, de la opresión y la liberación. Pero el deseo no es el bueno de la película, no es una fuerza progresiva y una energía esclarecedora. Es un campo de disputa que puede nutrir proyectos opuestos".

Esto es también coincidente con el hecho de que durante la segunda mitad del siglo pasado emergieron ideas que, respondiendo a intereses y búsquedas infinitamente diversas (desde Kojève hasta Fukuyama, pasando por Althusser y Flusser) confluyeron en una sensación de imposibilidad del afuera, de resignación (o celebración) al final del avance de la Historia y a la aceptación de que poco o nada nuevo puede pasar en materia política. De modo que estamos viviendo el último tramo del paso al acto de los temores que podían ya advertir Benjamin y Adorno en un (¿viejo?) debate alrededor del marxismo académico, retomado, por ejemplo, en *Melancolía de izquierda*, de Enzo Traverso. Al respecto, como planteó a Micaela Cuesta en *Experiencia de felicidad*, se ha dado un declive, por ahora irremontable, de la relación entre felicidad y política.

Para decirlo un poco esquemáticamente, en cada configuración histórica hay una masa crítica de artistas y creaciones consideradas representativas o elevadas que sirven directa o indirectamente al régimen político cultural imperante. En ese sentido, en el Medioevo se trabajaba en y para la Iglesia, mientras que en la Modernidad la creación estaba dirigida por la alta burguesía. Entonces, se dice que el arte medieval era religioso y el moderno burgués. Eso, claro está, no quita que haya habido grandes obras que aún son capaces de movilizar algunas fibras sensibles, que han escapado a los cánones impuestos y han logrado alterar las ideas sobre el arte en sus contextos sociales. Tomando ese modelo macro, socio-histórico, bien podría decirse que el arte contemporáneo es financiero, que sirve a unas pocas arcas que manejan un obsceno porcentaje de las riquezas del planeta. De modo que, si el único análisis que se alcanza a hacer hacia el pasado es el de su valor político-económico, aplicar ese mismo criterio al arte actual nos deja frente a la triste consecuencia de que sirve a los fines empresariales y a la especulación.

Ahora bien, el arte nunca tuvo (ni tiene) solamente valor en ese plano, sino que también porta una carga que está más allá de lo político-económico (llámese simbólica, espiritual, estética), que empieza en la posibilidad de colocar perspectivas, miradas, escalas y operaciones ajenas a la vida cotidiana o institucional y termina (¡qué pecado!) en la apertura a formas del goce. Si se reduce el arte a la posibilidad de quienes lo ejercen de vivir de su trabajo, se pierde cualquier distinción entre una obra de arte y un producto en un supermercado. Esa lógica, que parece venir triunfando, es compatible en el fondo con ideas como la defensa de la minería a cielo abierto 'que destruye el medioambiente, pero da trabajo a 300 familias' o que la fabricación de ropa en talleres clandestinos le permite a muchas personas 'no morirse de hambre'. En otras palabras, no se cuestionan los vínculos de opresión, en nombre de la continuidad de una supervivencia que llega al límite del sentido, en lugar de imaginar formas de vida digna y en otras circunstancias, que deberían comenzar por la des-limitación de muchas categorías ("artista", "trabajador") y la incorporación a la lista de "vidas que importan" a enormes masas orgánicas que son concebidas como accesorias o descartables.

Es posible que las posturas tácita o explícitamente antiemancipatorias en relación a la profesión artística tengan vínculos con esa sensación generalizada de impotencia política recién sugerida. Tal vez por eso el siglo XXI se apoya en una pretendida literalidad, en un supuesto *realismo capitalista* que no quiere permitir ni aceptar imágenes alternativas a las que proyecta el diseño neoliberal. Se vive bajo la ilusión de haber trascendido lo espiritual y de un reposicionamiento del arte como discurso transparentable y potencialmente comprensible, sin opacidades (como si la política o el arte, por añadidura, no fueran reinos opacos desde el principio de los tiempos).

Volvamos ahora, por un instante, a las críticas "conservadoras" o "burguesas" al arte contemporáneo realizadas fundamentalmente por académicos, *influencers*, mediáticos y *youtubers*. Estas van, justamente, en dirección a la idea de que las obras no se entienden, que las muestras son decisiones curatoriales sin fundamento en ningún talento, que las instituciones responden a amiguismos, etcétera. Es decir, exigen más transparencia, algo inédito en el mundo del arte (incluso el arte popular, al que a veces se toma desde un puro perspectivismo antropológico, mantuvo siempre estados borrosos). O, en todo caso, pretenden poder interpretar a las obras de un modo que ya no rige las formas de la visibilidad (parafraseando a Rancière) y exigen del régimen actual un ordenamiento que dejó de ser efectivo política, plástica y éticamente. Sin embargo, una vez más, la defensa o valoración de esas obras debería poder contar con más elementos que el anacronismo de los sectores conservadores o un orgullo asignificante.

6

La cuestión de la autonomía del arte, el gusto del público y la subjetividad especial de los artistas no es un tema nuevo. Al contrario, sus primeras expresiones son antiquísimas (ya los griegos, cómo no, habían deslizado algunas ideas sobre este asunto). Desde la perspectiva artística, las condiciones de creación tuvieron un importante hito transformador en la Italia del siglo XV, donde se dio una reorganización de la relación entre arte y mercado, de la mano de una relativa autonomización de las condiciones a las que había estado largamente sujeta en los tiempos anteriores. Walter Benjamin fue uno de los que subrayó la creciente separación de las obras de arte (hoy aparentemente autoevidentes) de sus lazos con las actividades rituales, mágicas o religiosas y su lenta y progresiva conversión en mercancías "especiales" (con potencias revolucionarias). De modo que, en principio, es posible vincular a las expresiones artísticas y a la creación y circulación de imágenes con el campo extendido de las relaciones sociales de producción. De ahí, la correspondencia entre los orígenes del capitalismo, el gradual triunfo del mercado como agente de asignación de recursos e intercambios y la génesis del arte emancipado de las esferas a las que hasta entonces estaba asociado. De hecho, los centros urbanos que suelen señalarse especialmente en el origen de un mercado exclusivo para obras de arte (Venecia, Amberes y Rotterdam) fueron a su vez las ciudades con los más importantes desarrollos bancario-financieros de la Modernidad temprana. No nos olvidemos que el proceso moderno comienza con el desacople entre tierra y riqueza y el surgimiento del comercio como principal motor de la economía.

Ya durante el *Quattrocento* italiano fueron apareciendo algunas primeras grandes figuras del arte, como Pisanello, Fra Angelico o, más tarde, Boticelli, que ejercieron a su vez de precursores de las estrellas *cinquecentistas*, Leonardo, Rafael y Miguel Ángel. En estos casos, había siempre grandes fortunas (la familia Medici, la Iglesia) que encargaban las obras y las solventaban por anticipado (a veces también mantenían al artista en sus propiedades durante la etapa de creación). Asimismo había cierto margen para piezas menores que podían ser comercializadas luego de ser hechas, si hallaban comprador. Los artistas, como cualquier otro trabajador, mantenían relaciones contractuales con sus patronos. Si lograban cierta celebridad, podían a su vez tener aprendices o ayudantes que les permitieran una producción más abultada, pero nunca independiente de los comitentes. Recién en el siglo XVIII se popularizó en alguna medida la posibilidad de que existieran artistas que creaban sus obras libremente como expresiones propias.

Mientras tanto, la enorme centralización política que representó el reemplazo de los esquemas feudales por estados nacionales que concentraban todo el poder en sus territorios tuvo implicancias en el surgimiento de una vida privada, por fuera de las razones públicas, en la que el librepensamiento y el juicio individual sirvieron de alimento a todo el iluminismo crítico y reflexivo que a su vez concibió la idea del "arte autónomo". El individuo moderno puede elegir su religión, aprende a leer en soledad, a escribir sus ideas y a discutirlas con otros para acceder a la vida pública. Del mismo modo, durante esta larga transición, el comercio comenzó a verse como la sustitución "dulce" de la guerra y la economía (específicamente, el amor por acumular dinero), como la inclinación que podía ordenar y sujetar al resto de las pasiones incontrolables del ser humano.

El mercado capitalista se fue desplegando de la mano del Estado y de a poco fue absorbiendo todas las formas de intercambio, así como las sujeciones a gremios y estamentos, característicos del Medioevo. Por supuesto, el arte no quedó por fuera de este proceso y la venta de obras pasó a ser una actividad cada vez más extendida y normalizada. De modo que la creación ya no estaba respaldada por los encargos y los artistas debían tener en cuenta las modas y la demanda si necesitaban sobrevivir y proveerse los materiales para producir. Antes de ese momento, una feria de arte o un espacio de exposición de obras aún sin dueño (para la venta) hubiera parecido un contrasentido.

Al igual que el resto de los trabajadores, con la Modernidad los artistas quedan "doblemente libres", al decir de Marx: liberados de los yugos que los ataban a un amo singular, pero lanzados al mercado para competir y luchar por su subsistencia. Eso hizo que la creatividad y los temas pudieran desplegarse con una autonomía relativa y que las búsquedas personales pudieran ser expresadas. Adorno y Horkheimer, en su *Dialéctica de la Ilustración*, vieron con claridad esa duplicidad y subrayaron la importancia del "anonimato del mercado" para la libertad creativa. Sin embargo, esta emancipación de los fines no estuvo (ni está) exenta de grandes ambigüedades entre el valor económico y la estimación estética que cada vez se volvieron más complejas. Lo que no deja de ser patente es que, luego de muchos siglos en los que el arte se hacía para agradar a la Iglesia o a las aristocracias (quienes imponían los temas y estilos con bastante facilidad), la Modernidad sería una etapa en la que el arte (como el *Hombre* en general y el individuo en particular) iría a buscar su centro y objeto más en sí misma que en otros aspectos de la vida, alejándose de la sintonía con la funcionalidad. De todas maneras, en algún momento del siglo XIX y durante el XX retornaron formas de la finalidad asociadas a las ideas de Estado o pueblo (un representante de esto sería, entonces, Nietzsche, que ve en la belleza una promesa de felicidad y no un goce desinteresado).

Durante el siglo XX, muchos movimientos buscaron propulsar la liberación del arte como estrategia política a favor de la emancipación humana, dando cuenta de un vínculo visible y con cierta solidez entre artistas, intelectuales y trabajadores (que hoy ya no existe y por eso a veces parece puramente fingido). En 1938, por ejemplo, André Breton y Diego Rivera (y León Trotsky) planteaban en su *Manifiesto por un arte revolucionario independiente* que "la libre elección de los temas y la ausencia absoluta de restricción en lo que respecta a su campo de exploración, constituyen para el artista un bien que tiene derecho a reivindicar como inalienable. En materia de creación artística, importa esencialmente que la imaginación escape a toda coacción, que no permita con ningún pretexto que se le impongan sendas. A quienes nos inciten a consentir, ya sea para hoy, ya sea para mañana, que el arte se someta a una disciplina que consideramos incompatible radicalmente con sus medios, les oponemos una negativa sin apelación y nuestra voluntad deliberada de mantener la fórmula: toda libertad en el arte".

¿Contra quién se manifestaban con tanta vehemencia? Primero y principalmente, contra las formas políticas que venían surgiendo en el contexto de sus tiempos de vida. Los estados burgueses, los fascismos y el comunismo realmente existente se proponían en medidas similares encaminar las creaciones artísticas hacia sus causas, lo cual nos habla de una relación (hoy, menos evidente) entre arte y gusto o entre mundo del arte y mundo de la vida. Pero el problema mayor al que nos enfrenta este llamamiento a favor de "La independencia del arte – por la revolución; La revolución – por la liberación definitiva del arte" es su triunfo parcial en el contexto Occidental. La casi total ausencia de censura, cooptación o sometimiento del arte a causas políticas de este lado del planeta pudo darse con comodidad, porque las obras de arte fueron convertidas (como todo lo demás) en mercancías. Eso implicó la sumisión directa o indirecta, más evidente o más mediada, de las obras a los dictados del mercado, lo que, en las últimas cuatro décadas, es lo mismo que decir que han sido moduladas por los dueños del capital global y el conjunto de valores que han establecido sobre las sociedades a través o por sobre las voluntades de los gobiernos políticos.

Como sea, aún hoy existen representantes comerciales de artistas (gestoras, galeristas, *merchants*) que pese, a la subsunción de sus actividades al factor económico (ya sea por amor al dinero o por necesidad), se apoyan en un discurso altruista y autonómico que en muchos casos sirve como estrategia de venta. De hecho, se observa todavía una fuerte complementariedad entre lo específico del mercado del arte y ese discurso que lo separa simbólicamente de otras formas de la mercancía, por tratarse de una sustancia opaca y, en algunos casos, inasible.

7

Las ideas y prácticas alrededor de la trillada autonomía del arte son tan múltiples como contradictorias. Desde el contexto del siglo XXI es muy difícil asumir esta categoría de modo conceptual y unívoco, por lo que puede ser ilustrativo apelar a una historización de su derrotero. Una puerta de entrada puede ser la genealogía que hizo con erudición Marcelo Burello, en 2012, en su *Autonomía del arte y autonomía estética*. Muy concisamente, en ese volumen el autor muestra que si bien existen atisbos e intuiciones que apuntan a cierta autonomía de la esfera artística (tanto en lo que hace a las obras, como a quienes las crean y a quienes las "reciben"), el origen de lo que hoy puede lejanamente comprenderse cuando nos enfrentamos a esos términos aparece en las últimas décadas del siglo XVIII (según Burello, en Moritz, pero generalizado a partir de Kant) y llega a su cumbre con T.W. Adorno.

Frente a un creciente interés por la cuestión del gusto, en la Alemania pre-decimonónica surgieron voces filosóficas que afirmaron la idea de un arte que *simplemente gusta*, que da un tipo de deleite a quien lo contempla que no puede reducirse a ninguna finalidad ulterior. Eso, en el registro clásico, era justamente el ámbito de la política y la teoría: instancias en las que los seres humanos se realizan por medio de actividades que escapan a la pura utilidad y que mejoran de algún modo la vida personal y social. En el caso de Kant, la autonomía radicaría en una especie de capacidad de cada individuo de gustar del arte, como experiencia singular (aunque universalizable) en la que se pone entre paréntesis la racionalidad que, según este pensador, nos gobierna.

Con Kant como uno de sus pivotes, una primera discusión filosófica y sistemática sobre este tema acompañó al desarrollo de la Revolución francesa y del colonialismo británico. Las circunstancias, transformaciones y avatares de la concepción occidental sobre la autonomía del arte son múltiples y ya se ha hablado de esto con mucho detalle y erudición. Para el objetivo de estas páginas, basta con decir que en algún momento de la Modernidad, las personas con cierta formación o cierto nivel económico comenzaron a llamar "obras de arte" a ciertos objetos (resultados de algún tipo de mediación humana) con los que es posible vincularse "más allá" del placer por la acumulación económica y que otorgan a quienes los observan algún tipo de disfrute independientemente de la función social o la intención que los rodea. Una de las consecuencias más concretas de ese debate fue dar lugar a una suerte de democratización de la capacidad de gozar del arte a todo ser humano, aspecto que en las últimas décadas tuvo también una declinación particular (sobre todo, gracias a la ubicuidad de determinados dispositivos tecnológicos) hacia la idea de que hay también una distribución total del acceso a la creación de tales obras. En términos prácticos, eso podría significar que "la civilización occidental" construyó un espacio en el que las artes y quienes las crean pueden liberarse del peso de la utilidad o la necesidad. Sin embargo, al mismo tiempo se fueron construyendo espacios que buscaron apropiarse o decidir en qué consistía tal autonomía (como la crítica, la academia, los museos o la publicidad) que están atravesados por condiciones extra-estéticas y que podrían tener relación con el retorno de la utilidad y la significación que hoy presenta parte del arte "autonomizado".

Al margen de las (importantes e interesantes) derivas que tuvo la idea de autonomía en el debate alemán de finales del siglo XVIII y principios del XIX, los comentarios y explicaciones al respecto que fueron construyéndose en las sociedades más liberales de Europa dejaron de lado el componente ético-político de la autonomía estética (invariablemente presente en cualquier concepción de belleza anterior a ese momento y aún muy pregnante en el ideario germano) y decantaron por una exaltación del elemento *independentista*. Siguiendo con Burello, vemos que "el 'giro esteticista' es una versión radical, o si se prefiere, una caricatura: los movimientos de *l'art pour l'art* francés y del *aestheticism* británico son interpretaciones distorsionadas [...] que asumen la autonomía como una soberanía por sobre todas las demás prácticas, culminando en un absolutismo del arte. [...] De la obra de arte como vehículo o garante de una vida más alta se pasará a la obra de arte como célula herméticamente cerrada sobre sí misma y autocomplaciente. Del autonomismo, se pasa sin escalas al autotelismo, y de ahí, a una especie de autismo feliz", sólo para dar lugar más tarde a que "el propio artista se transforme en obra de arte". A partir de ese momento, el gran arte parece retirarse de la denostada vida burguesa (con la cual, de todas maneras, el diálogo es permanente) para encerrarse en los extremos sociales y evitar cualquier atisbo de relación con el mercado.

Llegados a este punto, quien llevó a su mayor celebridad el concepto de autonomía del arte fue T.W. Adorno. Para él, las obras de arte *buenas* portan en sí las condiciones de su época y las critican por el sólo hecho de existir. Dicho de otro modo, no hace falta que las obras denuncien explícita o literalmente las problemáticas sociales que las atraviesan, sino que, al contrario, por haber sido creadas en ese contexto y remitir a un espacio autónomo e inmanente son necesariamente corrosivas para el entorno que las contiene. En ese sentido, y dicho entre paréntesis, una de las críticas que circulan un poco en general y livianamente sobre las nuevas generaciones de artistas (que *repiten cosas ya hechas –y mejor hechas– en el pasado* o no logran disponer un diálogo con lo menos inmediato) se podría aplicar a muchos de los comentarios periodísticos (aunque también universitarios) hacia la obra Adorno. Pero ese es otro tema.

Después de Adorno y sus distintos tratamientos de la cuestión conforme pasaron los años, el "gran arte" siguió por mucho tiempo siendo pensado (tanto desde el extremo de la creación, como del de la recepción e incluso en las propias obras) como aquello que existe por fuera de toda utilidad, ligado al goce. Sin embargo, ya desde el siglo XIX, la idea de una autonomía total fue perdiendo fuerza y se vio, en el mejor de los casos, enlazada a los valores nacionales.

¿Qué queda (si algo) de la autonomía del arte en el siglo XXI? ¿Hay algo por fuera de la economía y las instituciones, de la política identitaria y los ejercicios de diseño? Seamos optimistas y, como dice Burello al final del libro citado, pensemos que "la cuestión es no confundir la falta de finalidad práctica con mera inutilidad, propósito no utilitario con despropósito". Cuando surgió la fotografía, su identificación con el arte estuvo fuertemente cuestionada. Ante eso, Benjamin apuntó que, en realidad, era el concepto de arte lo que había cambiado con la aparición de esta técnica. La fotografía obligó a la pintura a mirarse al espejo y reflexionar. ¿A quiénes están mandando al rincón reflexivo la des-limitación de las disciplinas, la propagación infinita de los medios de creación, la facilidad y naturalización de la lengua del diseño, la ubicuidad de la imagen mercantilizada y el uso extensivo de *big data*? En un entretejido tal vez poco visible, en coqueteo y resistencia al periodismo, el *influencerismo*, el academicismo y la instrumentalización, ahí afuera hay artistas buscando configurar las nuevas formulaciones, prácticas y experiencias del arte por venir.

8

Frente a la nostalgia por "el fin del arte" y la impotencia del pensamiento contra el capital que trajo el posmodernismo (especialmente, el "duelo" de Lyotard, pero también las miradas de Benjamin y Debord, entre otros), Jacques Rancière buscó superar las teorías del arte a partir del planteo de diferentes regímenes del arte. En *El reparto de lo sensible* (publicado originalmente en el año 2000) habla de un "sistema de evidencias sensibles que permite ver al mismo tiempo la existencia de un común y los recortes que definen sus lugares y partes respectivas". En una especie de meta-sociología o meta-teoría-política, Rancière busca la politicidad del arte más allá de los contenidos específicos o voluntarios de las obras, comprendiendo a la política como la "configuración de un espacio". En contrapunto con Nancy, comprende que es posible concebir tanto a "las artes" (maneras de hacer, prácticas) como a "el arte", pues la primera figuración tiene sentido en (fue producida por) el régimen ético de visibilidad y la segunda en (por) el estético. El régimen estético no diferencia ya los modos del hacer, sino los "modos del ser sensible propio de los productos del arte".

A partir de eso, podemos pensar una nueva posibilidad para lo sensible. Se supone que, en su origen, la sensibilidad es una capacidad pasiva, receptiva, que asume la existencia y organización de un afuera al que conviene captar para vivir o vincularse con ese medio exterior. Sin embargo, la modulación resultante de la sensibilidad en el régimen estético la convierte en el principio activo del arte, transformando las concepciones sobre la realidad, la ficción, la metáfora, la verdad o la expresión. Por eso, la pregunta que deberíamos hacernos hoy es qué modulación, qué reglamentación de las artes se da después de su desjerarquización y singularización, qué hacer con imágenes que ya flotan libres como mercancías, más allá de los entornos que antes las autorizaban. Volviendo a Rancière, mientras que para Aristóteles (y el régimen representativo) la ficción no era falsedad sino un juego que permite crear "estructuras inteligibles", y para el régimen estético "la 'ficcionalidad' se despliega entre dos polos: entre la potencia de significación inherente a toda cosa muda y la desmultiplicación de los modos de la palabra y los niveles de significación", hoy nos encontramos frente a una doble vía de la inteligibilidad. Por un lado, hay imágenes ubicuas que saturan el espacio común (el capital es una *lingua franca*) y por el otro crece la incapacidad de comprender y alojar cualquier cosa que exceda la propia experiencia más concreta. "Un símbolo es primero un signo abreviador", dice Rancière, sugiriendo quizás el movimiento primario de todo lo sensible en torno a la plasmación de aquello que luego podrá devenir signo emancipado.

Por otro lado, si es cierto, como él plantea, que las transformaciones técnicas no son en sí mismas las que motorizan los cambios en las artes, sino su reconocimiento como artes, habría que preguntarse también qué está sucediendo con las herramientas digitales y el lenguaje publicitario que hoy circulan y forman parte de las expresiones plásticas. Pero la técnica es sólo una de tres patas que hacen a las artes, junto con los contenidos y las operaciones, siendo estas últimas (¿aún?) potentes para reconfigurar la visibilidad y sensibilidad en el espacio común. En el régimen estético, "la igualdad de lo visible invade el discurso y paraliza la acción. No hace ver, impone presencia". Por eso, como veremos más adelante, es importante aún poder distinguir el arte del diseño; porque aunque ambas actividades sean atravesadas actualmente por una misma configuración de lo visible y lo pensable, sus operaciones cargan sentidos divergentes.

"No hay arte sin mirada que lo vea como arte", dice Rancière en *El destino de las imágenes*, dando a entender que no puede existir algo así como el arte en sí o como algo totalmente autónomo. Pero, nuevamente, ante este pseudo constructivismo, nos quedamos en un escenario en el que todo es potencialmente arte (o *artificable*), en el que se da una intercambiabilidad cualitativa (mercantil) que ve al mundo como flujo de posibilidades y deja cada vez más lejos la potencia de *no* hacer como modo de la virtud. Como sea, si no existe el arte sino los regímenes de visibilidad, habrá que decir que lo que tiene sentido no es la filosofía sino las ciencias sociales (como si fueran campos en competencia, cuando no lo son). Sin embargo, Rancière ya había planteado una posible respuesta a este dilema (¿hay algo "en sí"?) en 1995 en *El desacuerdo*, donde se distingue a la política (como régimen de visibilidad, de aparición en lo público) de la policía o la dominación. En ciertas condiciones *hay política* y de ese vértice articulador de las relaciones se deprenden tanto potencias filosóficas como lecturas más situadas. Con eso en mente, *¿cuándo hay arte?*, ¿en qué circunstancias se da algo así como la experiencia plástica?, ¿no es concebible una forma de la sensibilidad, ya sea como capacidad ya sea como potencia o proyección, que escapa a los nombres y los regímenes que la regulan? El arte como una intensidad que interrumpe "las coordenadas normales de la experiencia sensorial" y la obra como una potencia que se activa en determinadas circunstancias: fiesta, encuentro, objeto, acontecimiento.

9

De lo anterior surge un corrimiento fundamental, pues la pregunta "¿qué es arte?" deja de ser la más adecuada o relevante, para dar lugar a otras, como "¿cuándo hay arte?", "¿dónde hay arte?".[3] Ante la ausencia de marcos de contención que vuelvan evidente qué son "arte", "obra de arte" y "artista", las definiciones y delimitaciones se vuelven difusas y cobran dimensiones novedosas. La falta de evidencia intrínseca de un objeto como obra de arte hace que su legitimación pase por otros canales que los del arte académico.

En 2022 (y tras despedir a más de 400 personas en 3 años), el Metropolitan Museum de Nueva York hizo por primera vez pública una muestra que realiza desde 1935 a puertas cerradas: la exhibición de obras producidas por sus propios empleados. Hasta entonces, en esa muestra, un conjunto de personas sin el mote de artistas (guardias de seguridad, personal administrativo, etcétera) una vez al año montaban producciones personales en una sala del museo a espaldas de la concurrencia general. La decisión de volverla pública convirtió performativamente a esas producciones en "obras" y asimiló trabajadores a artistas de un modo que merece ser pensado del derecho y del revés.

En un escrito que repone la historia del paso del "qué" al "cuándo", Oscar de Gyldenfeldt recorre un camino que comienza en el "no hay hechos, sólo interpretaciones" nietzscheano y que invita a pensar qué dice (que antes no decía) un objeto al ser captado como obra. Un punto, sin duda, fundamental en ese pasaje es la lectura que hace Heidegger de la obra de arte como develamiento del ocultamiento, como muestra franca y verdadera de la zona opaca a la que hace referencia. Desde su perspectiva, las obras no representan algo anterior o exterior, sino

3   Agradezco especialmente a Magdalena Pagano (y, extensivamente, a todas las alumnas del seminario de posgrado "Economías de las artes", que impartí en la UNSAM), por estimular y traccionar tan generosamente la investigación sobre esta cuestión tan fundamental.

que hacen aparecer algo en ellas mismas, al revelar la irrevelabilidad y alejarse de la utilidad concreta (más allá de poder convertirse, luego, en mercancías, es decir, en objetos cerrados). Así, hay arte cuando una pieza implica una apertura a la verdad, abre mundo, simboliza. Con eso, si bien sigue habiendo una lista de características que algo debe cumplir para ser considerado obra de arte, el repertorio de elementos pasibles de hacerlo se abre inmensamente y una rueda de bicicleta recontextualizada en un espacio en el que pierde toda utilidad se convierte, actúa, deviene arte.

No deja de ser llamativo el enlace que puede establecerse entre esta situación, en el lenguaje artístico, y aquello que expuso Boris Groys acerca del lenguaje en general en su preciso escrito acerca de las palabras "más allá de la gramática" en la era de Internet. Según este autor, la gramática impuesta por Google rompe con todas las jerarquías preestablecidas, a partir de vinculaciones de entorno, comprendiendo a las palabras únicamente en relación a sus contextos, como si flotaran "libres" de toda condición. Google no sabe lo que significan las palabras, lo que sabe es al lado de cuáles otras aparecen con mayor frecuencia. Así, la palabra pasa a ser algo que se resignifica atmosféricamente y que responde a un uso que, en este caso, está regulado a partir de intereses económicos y extraeconómicos que hacen que las palabras circulen de modos claramente determinados para quienes las distribuyen, pero oscurecidos para quienes navegan en Internet.

Quien tal vez puso de manifiesto en términos más concretos la importancia de acentuar el "cuándo" frente al "qué" fue Arthur C. Danto al hablar del arte actual como "posthistórico", por el abandono de los grandes relatos privilegiados. El fin de tales marcos no supone, para el autor, el fin del arte, pero sí el fin de la discernibilidad entre objeto y obra más allá de su contexto. El problema que esto trae es que hoy todo puede devenir obra de arte, pero no cualquier cosa lo hace, ni lo es todo el tiempo. Un pedazo de alambre que forma parte de una instalación deviene arte en un espacio y un momento determinados, pero al ser descartado como resto, recupera su valor de uso y su estatus anterior. Del otro lado, ¿sigue siendo arte un cuadro de Rembrandt en el basural de un pueblo en el que nunca se conoció su trayectoria? Sea cual sea la respuesta, la cuestión que deja Danto en evidencia es cómo el arte se convierte en una experiencia que involucra también a los espacios y auditorios, a la actualización de potencias que exceden los objetos sacralizados de los museos del siglo XIX. Ante esto, y con la paulatina espectacularización y *entretenimientación* del arte institucional, el público queda confinado, en algunos casos, a posiciones escépticas (que rechazan el uso de objetos "comunes", "sin aura", como obras de arte), hedonistas (que se hacen afectar en una interacción *divertida*) o superficiales (que persiguen las "tendencias").

Por eso, una vez más, en lugar de renovar la posibilidad de pensar una esencia operacionalizable en piezas *universalmente* vistas como arte, el desafío es habilitar prácticas que logren poner en suspenso las certezas. El límite de esas prácticas y obras deberá ser ético. Ya que, tomando nuevamente al texto de Oscar de Gyldenfeldt, "plagada está la historia de la cultura humana de prácticas deleznables basadas en supuestos teóricos que sólo testimoniaban las luchas por hegemonizar el poder de algún sector social, político y económico".

10

Se suele asociar, no sin razón, al diseño y la tecnología con la utilidad, y al arte con un *plus* que va más allá del usufructo o la eficiencia. De hecho, es muy usual ver cómo los artistas se apropian de herramientas tecnológicas para crear obras que exceden cualquier uso inmediato. En ese sentido, el primer gesto artístico se habría dado el día que un habitante del antiguo Nilo talló sílex sin la intención de hacer un filo o encender un fuego, sino sólo por el placer de hacerlo (o el día que una habitante del antiguo Nilo, intentando hacer un filo, generó una pelotita con la que se puso a jugar). Sin embargo, esta posición clásica admite ser complejizada. En la actualidad encontramos varios motivos para eso, empezando por la virtual imposibilidad de (y, en algunos casos, una oposición a) diferenciar ambos tipos de actividad y terminando por la constatación de formas inútiles de diseño que hacen a muchas de las prácticas realizadas de modo permanente en la actualidad. Frente a eso, y para comprender mejor qué estamos haciendo cuando tomamos determinados rumbos, sirve reconocer las distinciones y subrayar los motivos por los cuales aún vale la pena, por un lado, encontrar las fronteras entre arte y diseño e investigar, por el otro, los canales que pueden reconciliar la idea de arte con la de la utilidad, más allá de las circunstancias efectivas de su creación y circulación.

En la concepción clásica aristotélica encontramos tres formas del saber humano (teórico, práctico y técnico), que se corresponden con tres tipos de actividad (la contemplación, la acción y la producción, respectivamente). Si bien esa y todas las clasificaciones tradicionales se encuentran ya puestas en cuestión o revisión, hay al menos un aspecto de esta sistematización que sigue siendo de valor, porque plantea una pregunta clave: *para qué* se hace lo que se hace. Partir de esa pregunta sobre la finalidad de un acto (sentido medular del pensamiento político aristotélico) es aún de gran utilidad para poder comprender sus potencias y la matriz que lo contiene; además, clarifica sus modalidades y ayuda a comprender qué se puede esperar de eso. Al mismo tiempo, es una pregunta fundamental para pensar la diferencia entre los seres humanos y el resto de los animales, porque permite localizar una forma de ser en el mundo vinculada con la *artificialidad*. Para el Aristóteles de la *Metafísica* "la obra, que es el objeto que se propone la actividad de 'hacer', es en sí misma el medio de alcanzar un fin ulterior, es decir, su uso". Esto supone que todo lo que producimos tiene como fin ser empleado para algo (que puede ser más directamente utilitario, pero también más impreciso como ser contemplado o venerado). Dialogando con esta idea, podemos pensar que hay algo útil en las obras de arte (más allá de sus aplicaciones decorativas, especulativas, políticas o incluso estéticas) que tiene que ver con la forma específica de ser en el mundo que entraña a los seres humanos.

Más allá de las elucubraciones aristotélicas, y de sus infinitas mediaciones e interpretaciones, podríamos pensar que mientras que los demás animales no se plantean sus condiciones de existencia, los humanos concebimos un entorno "tal y como es" ("ajeno" a nuestra participación), al que no aceptamos y sobre el que intervenimos y creamos condiciones sin las cuales no podríamos sobrevivir. Es probable que esta facultad esté dada por la *falta de herramientas naturales* (garras, veneno) y la potencia racional que nos caracterizan, que se ven reflejadas en la capacidad de dar cuenta de nuestras circunstancias y acciones de manera codificada y en la velocidad con la que evolucionan nuestros soportes extrabiológicos. Una pista de eso se encuentra, tal vez, en la idea de que la vida humana es una existencia *indigente* que debe darse forma a sí misma, que planteó el filósofo José Ortega y Gasset en *Historia como sistema*: somos animales sin un hábitat natural, vivimos incómodos y no podemos subsistir sin transformar artificialmente nuestro entorno.

Visto así, técnica, política y contemplación filosófica son gradaciones dentro de un mismo modo de existencia que hace a la necesidad permanente de adecuar el medio que nos rodea. Aunque esto puede ser ajustado siguiendo a Emanuele Coccia, quien resaltó que esa no es una característica exclusiva de la humanidad, sino que las plantas lo hacen desde hace mucho más tiempo y con potentes resultados. De hecho, sin la metamorfosis *natural* del mundo realizada por las plantas no habría humanidad, así que podríamos, extrapolando, asumir que les corresponde alguna parte de la responsabilidad de la transformación del planeta realizada de modo *artificial* por los humanos. Aunque un problema de este tipo de posiciones, contra el que es preciso prestar atención, es que corre el riesgo de relativizar algunas responsabilidades políticas concretas.

Por otra parte, lo que legamos a las generaciones siguientes no se da exclusivamente por medio de soportes orgánicos, sino también de respaldos específicamente creados para ese fin, desde imágenes e historias hasta memorias de silicio. La búsqueda de la conservación de determinadas experiencias es un modo al que apelan todas las especies en su lucha por persistir en el tiempo. La transmisión de lo aprendido gravita entre dos polos mutuamente permeables: el genético y el artificial. Pero, en nuestro caso, el apoyo en sostenes externalizados ha sido fundamental. Por alguna razón, parecería que la cantidad de información que los animales humanos queremos hacer durar supera en magnitud y velocidad las posibilidades de los genes, de modo que nos surgió la necesidad de inventar formas exógenas de guardar y comunicar los aprendizajes individuales. Así, la historia de la humanidad está surcada por la permanente creación de segundas (y terceras) naturalezas dentro (o en contra) de las cuales podemos subsistir. Y, sin duda alguna, una fundamental es el lenguaje.

Con el Renacimiento, pero sobre todo a partir de la llamada Revolución científica, el mundo comenzó a interpretarse como un texto posible de ser leído, es decir, como un código que podía decodificarse completamente. La filosofía temprano-moderna perseguía el ideal científico de poder aclarar y explicar todo lo existente, de intelectualizar cada aspecto del Mundo, incluso lo sensible, lo imperceptible y lo inmaterial. Pese a que, desde sus primeros pasos, esa búsqueda se fue difuminando, su huella siguió (y sigue) marcando muchos de los rumbos filosóficos, sobre todo en la academia. Las causas de su relativo desvanecimiento fueron diversas. Pero la suma de algunos hechos (como el Gran incendio de Londres de 1666 o el Terremoto de Lisboa de 1755), junto con razones de índole más abstracta, hicieron que la naturaleza fuese perdiendo su centralidad para irse convirtiendo en una excusa para una búsqueda hacia adentro del código que antes había sido mentado como una herramienta para leerla. Las posibilidades de especular filosóficamente con el lenguaje comenzaron a dejar atrás al Mundo y, a la vez, el discurso comenzó en el siglo XVII un proceso de liberación de las cosas, que llegó a su clímax durante el siglo XX.

El arte es una cifra perfecta de la artificialidad, en tanto que reconstruye algo que ya está dado, que es el lazo entre nuestra vida y la Vida como forma general de la existencia. Por eso, el arte siempre tiene una arista agencial, siempre implica una cierta actuación sobre el mundo tal y como era antes de la obra. Pero en una matriz que ha logrado subsumir toda creación a la mercantilización o monetización, ¿cómo "salir del régimen del arte"[4]?, ¿qué condiciones hay o deben producirse para hacerlo?

4 Frase lanzada por Silvio Lang en un intercambio sobre arte, artistas y prácticas contemporáneas propiciado por la revista *Sociedad Futura* <https://archive.ph/8coBr>.

11

Siguiendo, entre otras, las investigaciones de Canguilhem o Baudrillard, se puede ver que las representaciones clásicas se fueron emancipando de las referencias, adelantándose (y a la vez impulsando) el triunfo del capital financiero (o ficticio) sobre el funcional (productivo o circulante). Eso creó las condiciones para un "período dorado" del capitalismo, que duró unos veinticinco años, hasta principios de la década de 1970. Pero, tras la explosión de varias burbujas financieras y después de la gran crisis de 2008, esta economía totalmente globalizada parecía haber encontrado un callejón sin salida… hasta el nacimiento del bitcoin y la llegada de la etapa superior de la codificación: la llamada revolución digital. Con ella, la información se convirtió en la inmaterial materia que mueve al mundo y convierte a las cosas concretas en sucedáneas subalternas de sus dobles virtuales. De modo que el mundo "fuera del lenguaje" dejó de ser el principio fundamental para las acciones humanas, siendo reemplazado en esa función por los lenguajes codificados liberados de la carga alusiva o expresiva de la referencialidad moderna.

No es por otra razón que Agamben pudo postular la reivindicación de la bipolaridad por sobre la oposición como forma de relación conceptual privilegiada para explicar la realidad. *Bíos* y *zoé*, "Hombre" y naturaleza, continuo y discreto, real e imaginario, derecha e izquierda o varón y mujer ya no son pares representativos del modo en que nuestra forma de existir puede darse sentido. Al contrario, el planteo de su superación parece ser hoy una norma que opera eficazmente en todos los campos, más allá de las evidencias de un usufructo de estas ideas por ciertos sectores muy concretos (empezando, claro, por el complejo tecno-financiero). Pero, precisamente, lo que vivimos no es una "superación" hegeliana (ni conceptual) de los binarismos, sino textual, literal. Las denuncias del siglo XX contra la metáfora como propuesta ilusoria de una verdad sustancial detrás de lo evidente tuvieron como secuela una equiparación entre verdad y existencia actual que complejiza cualquier posibilidad de categorizar la realidad hasta el punto de hacerlo muy difícil para las mentes humanas, con el consecuente riesgo de complicar también las agrupaciones amplias por fuera de las combinaciones temporarias con objetivos cortoplacistas. Eso llevó a una individualización de la experiencia vital, a una contracción de la subjetividad al instante, a un texto sin mundo y al establecimiento de una miope negación de la dinámica de pulsiones que nos configuran.

12

La irrupción de las vanguardias artísticas (en Rusia alrededor de 1890 y en Francia unos pocos años más tarde con la aparición del fauvismo) tuvo un carácter particularísimo, porque propuso algo así como la cima de la autonomía del arte en conjunción con la expansión de otros factores de desenganche de disciplinas o colectivos de la idea de Historia que entonces prevalecía. Durante la Modernidad, las obras de arte solían surgir de encargos de mecenas o instituciones y, en una enorme proporción, se planteaban como medios de instrucción y formación del gusto. Pero durante el siglo XIX, hubo artistas que empezaron a basarse en sus propias experiencias personales.

En el mismo campo de sentido, la publicación de obras como *La interpretación de los sueños* (en 1899) de Freud, hizo que se extendiese la idea de que cada sujeto representa una mirada distintiva que se puede expresar a través de un simbolismo y una iconografía personales. Esto estuvo acompañado por una pulsión crítica hacia todo lo heredado o establecido y abrió asimismo la puerta a un antirrealismo, expresado en un uso audaz e innovador de los colores, materiales y técnicas (desde el *Montagne Saint Victoire* de Cézanne hasta el *Cuadrado rojo* de Malevich, todos los hábitos visuales y las concepciones pictóricas establecidas implosionaron a gran velocidad en escasos veinte años), pero también de los medios (la muestra más evidente es la fotografía). Sin embargo, este cuadro no estaría completo sin mencionar que, al mismo tiempo, se dio un progreso económico y un desarrollo de la técnica industrial que permitió que, por primera vez, un instrumento como el piano pudiera ser adquirido por cualquier familia de clase acomodada, lo cual dio lugar a una privatización de las lecciones y, sobre todo, a la fuerte exigencia hacia los autores de crear piezas sencillas que pudieran acompañar esta situación, ensombreciendo a quienes insistían en la escritura de obras más complejas. Entonces, al lado de los grandilocuentes pasos de las vanguardias, florecieron de a poco la dispersión y el aplanamiento de las posibilidades de experimentar individualmente la expresión.

13

En el texto "Análisis terminable e interminable" (escrito el mismo año en que Picasso presentó su *Guernica*), Freud afirmó que *gobernar, educar* y *psicoanalizar* son profesiones imposibles, ya que, además de ser operaciones sobre el yo que pueden despertar reticencias, son acciones de las que es imposible controlar o conocer de antemano los resultados de manera completa. Son profesiones que implican aceptar la falta como parte del proceso y, precisamente por eso, hay que insistir en ellas infinitamente. Son oficios que dependen de la contingencia y de los que no pueden esperarse resultados definitivos. A estas tres, Lacan agregaría luego (específicamente en su Seminario XVII) el *hacer desear* (que hoy resuena en la economía de la atención, a la que se nos somete de manera permanente justamente porque es imposible captar el deseo de forma definitiva). Como se ve, las profesiones imposibles tienen que ver con la impotencia que implican las relaciones sociales en las que el deseo individual se encuentra inserto en un complejo tejido de intensidades cruzadas que resultan imposibles de predecir o manejar desde la posición subjetiva y que generan incertidumbre y angustia, si no se las asume de antemano como inasibles en su totalidad.

Con eso en mente, y por sus características nebulosas y sus vínculos con espacios ajenos a la palabra articulada, la reflexión sobre el arte nunca podría ser completa y, por eso mismo, es enriquecedor insistir en ella sin esperar concluirla. El arte es una de la modalidades o intensidades que hacen a la vida humana (al menos en sus declinaciones hasta ahora conocidas) y que no pueden ser captadas o traducidas completamente por el discurso racional.

Hoy es muy difícil hablar de arte. En los ámbitos de interés, se habla de obras, de artistas, de capitalismo, de ecología, de Antropoceno, pero no de arte. En la actualidad, la disputa por las definiciones responde tanto a luchas emancipatorias, como la transfeminista, como a reacciones conservadoras, como el supremacismo racista. En medio de la gran transformación epocal en la que nos encontramos, se ha vuelto muy difícil pretender hallar una definición completa de arte (o de casi cualquier otra cosa), no sólo por los perspectivismos sino también por los enormes cambios en las formas de imaginar, crear y percibir los fenómenos artísticos (y no artísticos). Sin embargo, lejos de renunciar a la búsqueda por una definición del arte o las artes sería interesante tomarla como una exploración dinámica, como una profesión imposible, similar a las que describe el psicoanálisis.

En el presente, es muy complejo (en el sentido de irrealizable) proponerse dar cuenta de una definición última o universal de arte. Aun así, hay una zona de nuestra existencia que se afirma en un tipo de experiencia que se vincula con la producción e interacción con imágenes de todo tipo (no sólo visuales) y apela a un tipo de goce que no es identificable o reducible a otros. No podemos escapar del arte, más allá de que no podamos definirlo de forma exhaustiva; nos encontramos atravesados por impulsos sensibles y estéticos que van más allá de la comprensión o la voluntad, que nos toman y a los que tomamos como cuerdas estimuladas por determinadas vibraciones. En su libro *Art and Cosmotechnics*, Yuk Hui afirmó que "el arte puede abordar ciertos aspectos de lo universal, pero no se puede inventar una estética universal, que sólo puede existir como un postulado filosófico o un eslogan de marketing de la industria cultural. La verdad del arte es que no hay formalmente una verdad *per se* y, sin embargo, comprometerse con la verdad es develar las verdades que están cerradas o que permanecen ocultas en un tiempo desolador".

Algo semejante podría decirse de la filosofía como práctica. En ese sentido, el problema no es tanto el de la verdad como algo externo a quien la enuncia o la contempla, sino más bien el de la experiencia del contacto con el pensamiento, con un tipo de figura (o de figuración) que no es directamente sensible, pero que se pone en acto a través de los cuerpos. Desde ese punto de vista, haber pensado algo "verdadero" no es el fin de la actividad filosófica, sino experimentar un tipo de agitación, un temblor existencial que nos acerca al precipicio del ser. Por eso, precisamente, la filosofía nunca puede ser considerada una ciencia acumulativa, más allá del desarrollo del diálogo que supone la historia de la filosofía y las declinaciones históricas que ésta ha desarrollado.

14

¿Qué queda, entonces del arte? ¿La suma de lo que cada artista hace? ¿Estamos ante una aporía? Como resumió en un breve artículo Leonardo Solaas, hoy parece imposible plantear la existencia de una definición única de arte en sentido canónico o enciclopédico, pero al mismo tiempo es un ámbito que no puede quedar vacante de ser pensado. Por detrás de cualquier enunciación actual sobre el arte, está la idea de que es una forma de pensar, de ser, de actuar, de producir o de vivir diferente de la filosofía, el comercio (u otras prácticas), con ciertos bordes y ciertas preguntas propias. Dejar de lado toda reflexión categorial haría que las prácticas artísticas se entreguen a quedar únicamente bajo la lógica del capital y el diseño (cosa que, según algunas voces, ya sucede). A la vez, nos enfrentamos a una idea de creación "libre" que conduce a querer producir y no tanto a dejarnos atravesar por producciones ajenas. "La humanidad publica un libro cada medio minuto", dijo Gabriel Zaid en *Los demasiados libros*, de 1972 (hoy seguramente son más). Vivimos bajo el mandato de producir y expresar cosas continuamente, debido a que, de modo generalizado, se ha montado sobre la Tierra un forma de poder que logró captar y canalizar la pulsión creativa. Entonces, desde la perspectiva individual puede surgir la ilusión de estar "jugando contra el programa", *hackeándolo*; sin embargo, mientras ese juego se de en entornos controlados en los que las reglas se definen verticalmente, no hay resultados novedosos posibles. Antes de atribuirle al arte características políticas, convendría pensar la matriz política que constituye un tipo de subjetivación que antecede cualquier división entre artistas y público. Y luego ver si es posible buscar definiciones generalizables.

En filosofía, el sinuoso pero progresivo abandono del paraguas conceptual universalista fue tal que hoy, como indica Emmanuel Biset en su *Atlas teórico* (a partir del diagnóstico de Claire Colebrook), "ya no es posible hacer teoría sin explicitar el lugar de enunciación [lo cual] vuelve cualquier enunciado universal absurdo. [...] El pensamiento contemporáneo es anti-realista: resulta imposible siquiera esbozar la posibilidad de un absoluto". Claro que ese paraguas conceptual estaba cargado de capitalismo y colonialismo y era fundamental quitárnoslo para poder sentir algo de la lluvia que lo contorneaba. Rosi Braidotti postuló con cierto optimismo en *Lo posthumano* que "el núcleo profundamente antropocéntrico de las ciencias humanas" podrá verse "sustituido" por una compleja "configuración del saber dominado por los estudios científicos y tecnológicos sobre la información". Así, planteó la posibilidad de renovar las humanidades desde una "teoría crítica posthumana" inspirada en una metodología que se base en "la precisión cartográfica, la responsabilidad ética, la transdisciplinariedad, la combinación de crítica y figuraciones creativas, el principio de la no linealidad, los poderes de la memoria y la imaginación y la estrategia de la desfamiliarización".

No obstante, el rechazo del paradigma moderno ha abierto varias puertas, como el peligro de la anti-política –un giro probablemente inesperado para las voces críticas de las décadas de 1960 y 1970–, ya que la desarticulación de la realidad en elementos yuxtapuestos pero no encadenados fue derivando en la simétrica desarticulación de la potencia de las luchas colectivas. La actual huida hacia el subjetivismo conduce, mirando el plano desde una perspectiva más amplia, a un escenario de algún modo similar al que se dio previa y posteriormente a la polis griega clásica. Por distintas razones, tanto en el período presocrático como el helenístico, florecieron imágenes e ideas muy diversas sobre las mismas cuestiones que convivían como versiones posibles de la verdad. Hoy, como entonces, carecemos de un contexto o un fundamento sólido para un diálogo extendido entre todas las (o, aunque sea, muchas) partes de la sociedad a la espera de un nuevo contexto político que organice un sentido. Algo de eso se da en la obra de Fabián Ludueña Romandini, quien propone una post-metafísica a través de su políptico *La comunidad de los espectros*.

Las prácticas textuales teóricas en la actualidad parecen oscilar entre dos conductas estilísticas. Una que sigue leyendo categorías abstractas de forma erudita, pero vaciada de la potencia que alguna vez tuvo, por lo que se predispone a agotarse en la forma y no a contribuir al pensamiento o las acciones colectivas. La otra, que fluye hacia lo ensayístico, logra percibir una coyuntura irreductible en algunos aspectos nodales a las ordenaciones canónicas y busca nuevas perspectivas (más allá de las citas textuales), por asociación de ideas o cristalización de estados atmosféricos. El problema es que si la primera de estas prácticas corre el riesgo de asumirse apolítica y volverse conservadora y miope, la segunda se está tornando en general cada vez más moralista y encerrada en las experiencias o sensaciones individuales, por lo que termina siendo más una herramienta expresiva que emancipadora. En esta época "post-textual" y "post-teórica", surgen versiones extremas de perspectivismo que exigen, finalmente, repensar una teoría sobre la política, porque aún en los intersticios que se forman en las corrientes de este sumo relativismo, hay política. En otras palabras, la aparente imposibilidad de teorizar en abstracto sobre cualquier otra cosa hace más urgente una reflexión renovada acerca de la política como "intensidad" que surge en condiciones determinadas.

Las artes se encuentran atravesando un proceso similar, dentro del cual las condiciones de creación de las obras tienen cada vez más peso sobre la consideración que se hace de ellas. Antes, quienes alcanzaban la condición social de artistas eran considerados seres especiales, inspirados por las musas o las divinidades, canales de mediación a través de los cuales se expresaba el cosmos, intérpretes de lo sublime que existe en el mundo. Incluso la adecuación a patrones matemáticos tenía un sentido místico, celestial, que establecía un diálogo entre creadores y receptores de las artes. Ese modelo de artista ocultaba una serie enorme de procesos y personas que se involucraban en la construcción de las piezas finales, puesto que ellas eran, en el fondo, los objetos centrales del universo cultural. Opuestamente, un estilo de artista bastante extendido en la actualidad es el de un individuo mundano, mucho más ingenioso y astuto (a veces cínico), que a falta de ayudas o herramientas abusa desmedidamente de su propia biografía. Por supuesto que hay notables excepciones a este modelo, pero incluso en esos casos las obras suelen aparecer rodeadas de mediaciones explicativas y referencias a la labor. El jurado de un prestigioso premio estadounidense de relatos de ficción propuso en 2019 que quienes se postulaban declararan si sus historias asumían la voz o la experiencia de "identidades marginadas o vulnerables" y si se identificaban personalmente con lo relatado. Al respecto, puede ser ilustrativo el artículo "Fascinated to Presume" de Zadie Smith, en el que establece una defensa de la escritura de ficción no atada a la historia de vida del sujeto escribiente. Lo que nos muestra este debate es la dificultad de restablecer la separación elemental entre el autor o autora y la voz narrante, de concebir obras que no caigan en la apropiación, la cooptación o la romantización y a la vez puedan escapar de ser pequeños ejercicios formales o precarias ficcionalizaciones de experiencias concretas y personalísimas.

Como contracara, el ejercicio de la crítica de arte ya no es más el de "descifrar" las obras (ya no hay un mensaje a develar), sino el de reponer un contexto sin el cual no lograrían construir sentido. Así, las explicaciones sobre la procedencia (territorial, generacional), la pertenencia (a este o aquel colectivo) o los conflictos que atraviesan y ocasionan las piezas son permanentes en los textos de sala y reseñas profesionales. La crítica actual destaca más las tensiones de quien produce que de lo producido, que queda reducido a objeto de archivo o hito conmemorativo, pero que poco habla por sí solo. Como señaló Rancière en *El destino de las imágenes*, "el texto crítico, en la época estética, ya no dice lo que el cuadro debe ser o debería de haber sido. Dice lo que es o lo que hizo el pintor". Qué notable diferencia con el sistema de valores que expresó en 1934 Ezra Pound en su *A B C of Reading*: "se puede identificar al mal crítico cuando empieza a hablar del poeta y no del poema".

Uno de los pasos fundamentales en el camino a ese recorte hacia el individuo se dio con el caso de la *Society of Independent Artists*. Sociedad fundada, entre otros, por Marcel Duchamp, quien envió para la primera muestra (en 1917), bajo el seudónimo Richard Mutt, su celebérrima *Fuente*. Cuando el jurado rechazó su obra, Duchamp renunció a la asociación con la siguiente declaración: "si el señor Mutt hizo la *Fuente* con sus propias manos o no, no tiene importancia. Él la eligió". En ese acto, además de fundar (según algunas lecturas) el arte contemporáneo, Duchamp centró la creación artística en la figura casi omnipotente del autor. Este no es un fenómeno exclusivo del arte, sino que la desinstitucionalización es un sesgo que se ha expandido en todos los aspectos de la vida occidental. Mientras que en el pasado las instituciones mediaban las relaciones entre los individuos y garantizaban el cumplimiento de ciertas normas de manera relativamente pareja, hoy la confianza se desplazó hacia sujetos concretos, dentro y fuera de los espacios políticos. De modo que es muy normal encontrarse con personas que, por citar un caso ocurrido en Argentina, prefieren (y fomentan) donar dinero a *influencers* que pagar impuestos.

Entonces, ¿qué es una obra de arte y qué es ser artista una vez caído el paradigma académico, o tras la muerte de Dios? Tal pregunta es de especial relevancia en esta época en la que es muy difícil trazar un límite claro entre artistas y diseñadores, o entre arte y diseño, porque la idea de "original" se vuelve inaprensible y ya no sólo debido a las posibilidades que brinda la reproductibilidad técnica de las obras de arte que enunciaba Walter Benjamin en 1936. Hoy la materialidad del arte ha cambiado radicalmente, las pinturas se digitalizan y los píxeles se venden, *toquenizados*, en Sotheby's. Podría decirse, con razones muy atendibles, que cuando el aura dejó de ser la característica de las obras de arte, por las condiciones técnico-sociales de la multiplicación, el resplandor se trasladó hacia los artistas. Esto explica por qué se vuelve tan atractiva la "inversión en arte" que caracteriza a los portfolios ofrecidos a empresas y personas de dinero, centrados en los beneficios de comprar y las ventajas de poseer un trozo, una emanación de tal o cual creador de imágenes (recordemos las opulentas subastas de la *Merda d'artista* de Manzoni).

Sin embargo, ese halo misterioso que se había construido en base al individualismo del capitalismo industrial se fue destruyendo en base al ultraindividualismo del capitalismo financiero y neoliberal. Hace tiempo que quienes se dedican al arte contemporáneo se ven envueltos en tareas de (auto)diseño, labor que lleva mucho tiempo y esfuerzo al servicio de potenciales compradores, mecenas y subsidios. Hoy, como alguna vez observó Silvio Lang, los y las artistas están permanentemente *trabajando para poder trabajar*. Del otro lado, una exigencia constante a la que se somete el público es dar *likes* y compartir sus obras de arte favoritas en las redes sociales.

En esa particular acepción, el diseño es el reverso del arte, por ser la forma que asumen las cosas humanas cuando buscan ser seductoras y efectivas, cuando buscan obtener beneficios o cumplir finalidades concretas. Las grandes catedrales europeas querían maravillar a Dios (y a quienes las visitaban), mientras que los oscuros monasterios procuraban dar lugar a una conexión espiritual. Los escenarios están diseñados para orientar las miradas de toda la audiencia hacia un mismo punto, en tanto que algunas obras penetran las formas y logran desplegar un estado psíquico que nos modifica y nos despierta una cierta reflexión.

Así, si el arte responde a la necesidad de actualizar sustancias anímicas apoyándose en formulaciones expresivas activas y móviles cuyos impactos no son calculables, el diseño procura rodearlas y estabilizarlas.

Charlotte Klonk observó que, durante el siglo XX, los museos fueron modificando la construcción de quienes los visitaban, dejando de verlos como ciudadanos para pensarlos como "consumidores educados". Y aunque las instituciones no dejaron del todo de cumplir funciones sociales, introdujeron cambios muy perceptibles en el modo de mostrar e informar sus exhibiciones, centradas en la experiencia individual de cada visitante. Por otro lado, Instagram, meca actual del diseño atrayente, es un espacio virtual y personalizado, cuyo principal y casi único objetivo es mantener la atención de sus usuarios la mayor cantidad de tiempo posible en un eterno *scroll*, con el fin de conocer mejor sus deseos. Así, se reduce al mínimo la potencia de las imágenes y se aumenta al máximo la posibilidad de explotar el trabajo gratuito (no sólo creativo, sino también cognitivo y mecánico) de quienes se conectan a esa red. Hoy todo el mundo está involucrado en un juego especular con la mirada ajena, es decir, todo el mundo hace lo que antes hacían solamente los artistas. Se nos ha convencido de que es cardinal lograr la atención ajena y de que hoy cualquiera (aunque no cada cual) puede llegar a fascinar al prójimo.

15

El dorso complementario de esta situación es la conversión de ciudadanos y ciudadanas, primero en consumidores y luego en usuarios. Entre el siglo XIX y el XXI se dio un salto de la mecanización a la automatización de la vida, lo que condujo a una proletarización general de la existencia, en la que todo pasó a ser pensado por el capital financiero como recurso para beneficiarse (incluso las resistencias). Mientras que el fordismo gestionó la conversión de ciudadanos en consumidores integrados al mercado, el modelo productivo actual (capitalismo "informacional", "semiótico", "cognitivo", "biocognitivo" o "cibernético", según dónde se ponga el foco) implicó el paso a los usuarios, caracterizado por una superación de la estadística del siglo XX a partir del manejo algorítmico del *big data*. Los usuarios interactúan a través de plataformas, que los toman como insumos y lucran con sus acciones mientras los atrapan en un círculo de goce sin placer.

Lo anterior implica una dramática caída en la capacidad de cuestionar, de manera democrática, prácticas y situaciones abusivas. Parafraseando a Marcuse, los adelantos tecnológicos dentro de la matriz del sistema capitalista lejos de ser avances que corren necesariamente a favor de la emancipación, pueden, al contrario, reforzar los lazos de dominación. La democratización de baja intensidad de los medios dispuso un régimen de vigilancia total y un gobierno algorítmico de las imágenes y los cuerpos. Una de sus consecuencias es la facilidad con la que hoy es posible excluir lo que disgusta de la vista, sin intentar construir en común a partir de las diferencias, lo cual abre las puertas a una enorme manipulación por parte de los pocos actores que consiguen instalar las agendas y sugerir los comportamientos.

El consumismo desenfrenado es el corolario retroalimentado del autodiseño desenfrenado y, sin duda, tiene relación con el abandono del arte como potencia transformadora. Como resumió Boris Groys, "la única manifestación posible del alma empieza a ser la apariencia". El agotamiento del modelo de Mundo como unidad completa y aprehensible tuvo efectos importantes en las posibilidades de sostener el compromiso con la búsqueda de la verdad. Esa alteración de la mirada ha permitido el desarrollo de luchas emancipadoras, pero también nos ha dejado a merced de la llamada "post-verdad" y la falta de responsabilidad por lo que se expresa. Al no concebir ya un fundamento último, puede valer lo mismo un enunciado sólidamente verificado que un prejuicio sustentado en una experiencia personal. En ese contexto, la verdad es aceptada como una vivencia psicológica (o, a lo sumo, compartida por varios sujetos), que el arte puede documentar o registrar, pero no necesariamente producir.

Así, la verdad y la mentira han adoptado un sentido efectivamente extramoral, pero opuesto al mentado hace ciento cincuenta años por Nietzsche en uno de los textos más inspiradores y potentes que han surgido entre los críticos del proyecto moderno. Hoy todo es verdadero (porque *está allí*) y nada lo es (porque existe *en el lenguaje*). De acuerdo con Nietzsche, nuestro ser en el lenguaje nos oculta la verdad sobre nuestra futilidad e insignificancia, pues tenemos una "invencible tendencia a dejarnos engañar". Creemos, ilusoriamente, que los conceptos reflejan y explican la realidad, aunque lo que hacen es inventarla. Pero, frente a la caída de los conceptos y los fines universales, el lenguaje se convirtió en un océano infinito de singularidades sustraídas de sí mismas, vueltas concepto. En lugar de aceptar la derrota de la Modernidad, enfrentar el hecho de que es imposible que cada gesto de la existencia quede totalmente representado por un término y convivir con la suficiente insuficiencia de los conceptos, hemos pasado a crear un registro único que conceptualiza a cada ejemplar de manera particular. Rouvroy y Berns explicaron, en un texto de 2013 sobre gubernamentalidad algorítmica, que las nuevas funciones automatizadas que reemplazan a las estadísticas no se abocan ya a sintetizar un promedio entre todos los datos, sino a dar cuenta de la simultánea existencia de todos los ejemplares. Eso hace que se obture la posibilidad de la mentira, ya que todo lo existente (incluso lo falso) participa en algún grado de la construcción de la realidad.

En "The Truth of Art", Boris Groys retomó la pregunta sobre el vínculo entre arte y verdad en la contemporaneidad. Allí, mostró cuán fundamental es esta cuestión para la existencia y la supervivencia del arte, porque si el arte no puede ser un medio de la verdad, y se lo reduce a cuestión de gusto, entonces el productor queda sometido al espectador (que hoy es, en última instancia, un algoritmo con fines comerciales) y el arte pierde su independencia o potencia: "el arte se convierte en algo idéntico al diseño". Al contrario, si el arte tiene aún alguna relación con la verdad, puede modificar de algún modo el mundo. Y el modo en que intente hacerlo dependerá, a su vez, de cómo se comprenda el arte: como ideología o como tecnología (es decir, como algo que puede conmover "por persuasión o por acomodación").

Desde la primera perspectiva, el arte busca "captar la imaginación y cambiar la conciencia de las personas", continúa Groys. Esto supone que existe un mensaje y que es posible hacerlo circular, lo cual se ha mostrado muy poco eficaz en términos estéticos. Además, las obras que tienen gran aceptación del público son desestimadas por convencionales, banales o comerciales por el entorno del arte. Desde la segunda perspectiva, se busca cambiar el mundo mediante la producción de cosas bajo un uso de la tecnología diferente del habitual y automatizado, o bien modificando el sentido en el que el público interactúa con el entorno. Esta mirada también tiene ribetes polémicos. Incluso Heidegger, quien creía que el arte puede revelar un estado del mundo, comprendió que las obras son rápidamente reconvertidas en objetos ordinarios y cerrados. Sin embargo, fue la que prevaleció, especialmente en su capacidad de tematizar la dimensión fáctica, material y profana del arte e intentar *hackear* el sentido de los recursos técnicos.

Sea como sea, Groys señala que esta situación ha cambiado en las últimas décadas, debido a que Internet se convirtió en el lugar en el que se da simultáneamente la producción y la exposición del arte, al mismo tiempo que el diseño contemporáneo hizo posible que las poblaciones configuren y exhiban sus espacios vitales, sus cuerpos y sus expresiones como objetos de arte. Hasta el siglo XX, la interacción de las personas e instituciones involucradas en el mundo del arte generaba un sentido compartido del valor. Tener en común ciertas convenciones, apreciarse y apoyarse mutuamente y conformar comunidades, permitía pensar en formas del valor colectivamente generado.

En el contexto digital, si bien algunas de estas prácticas sobreviven, el valor y la autoría se vuelven términos muy relativos. Para artistas e instituciones, Internet funciona como espacio de autorrepresentación. Pero, a la vez, para los algoritmos, es la persona *debajo del artista* la que interesa en su calidad de usuaria. Para Google y sus camaradas vectorialistas, cualquier forma de "estar" en Internet es igualmente valiosa. Hacer circular arte, mirar fotos de comida, recordar el pasado, mostrar el presente e imaginar el futuro se funden para formar parte de un cuadro de imágenes aparentemente equivalentes en el espacio digital. Lo fundamental, desde el punto de vista de las plataformas, es captar la atención la mayor cantidad de tiempo posible y lograr interpretar los intereses, deseos y necesidades de cada usuario para poder vender publicidad dirigida (a Uber le interesan más los datos que generan sus "asociados" sin contrato ni derechos laborales para generar el valor de la plataforma que su efectiva conducción a través de las calles, pues su ganancia está en la bolsa, no en los viajes). Sin tener en cuenta esto, las acciones o declaraciones de principios no lograrán modificar la estructura de poder actual.

Hoy, gran parte de las reivindicaciones y disputas tienen que ver con lo identitario. Pero ya no se trata tanto de la diferencia frente a los demás sino de tomar el control sobre lo que se nos ha impuesto, desde el nombre a la condición biológica, pasando por la nacionalidad, el sexo o la apariencia física y sumando todos los criterios generales de identificación utilizados históricamente por los estados. La identidad se convierte en una cuestión de poder: ¿quién me define?, ¿quién define los criterios de clasificación? Y esa búsqueda es también capitalizada por los algoritmos, en su capacidad de disgregar a los individuos en sus partes presubjetivas, llegar a sus pulsiones más primarias y utilizarlas para inducir comportamientos.

Como refiere Flavia Costa en su reciente libro *Tecnoceno*, la posibilidad de vincular las huellas de las acciones en los espacios físico y virtual es fundamental para construir perfiles análogos a los vivientes que los encarnan. Y eso se lleva adelante a través de la captación masiva y la administración de información. Esto tiene como consecuencia la "datificación de aquello que, en la experiencia, existe de manera silvestre". Dicho de otro modo, que cada insignificancia, cada hecho, por nimio y fútil que sea, queda grabado y se vuelve símbolo: "término que implica elaboración conceptual y puede incluirse dentro de una serie para ser analizado, comparado, medido en algún lenguaje". Por supuesto, el lenguaje principal en el que estos registros son simbolizados es el binario-digital, que se caracteriza (al igual que el dinero) por poder medir de manera homogénea hechos y cosas totalmente diversos, facilitando la comunicación y el intercambio entre ellos. Así y todo, esa proliferación conceptual que permite nombrar y singularizar a cada acción o forma es también un impedimento para la acción colectiva, en lo que esta precisa de la posibilidad de diluir lo individual en unidades mayores, capaces de generar y sostener formas en común.

16

En la década de 1970, Jacques Lacan había denominado "discurso capitalista" a un modo de relación que vuelve cada vez más difícil construir un razonamiento social transversal; una incapacidad subjetiva, en el contexto del capitalismo financiero, de separarse de lo numérico y lograr hacer confluir un discurso con un orden (como campo en disputa, en el mejor de los casos) que pueda contener y mediar entre las inclinaciones particulares y las posibilidades de una vida en común. Unos 2500 años antes que eso, Aristóteles había marcado el rumbo de la ciencia occidental al escribir en su tratado acerca de la retórica que "la medicina no considera qué es saludable para Sócrates o Calias, sino qué es saludable para tal o cual clase de hombre, porque lo singular es ilimitado y no objeto de ciencia". Esta frase encuentra su complemento en la *Metafísica*, donde nuestro sabio dijo que Calias y Sócrates son distintos en sus huesos y su carne, pero idénticos en tanto que "hombres".

Lo singular, que Aristóteles designa como "ilimitado", es aquello que históricamente se resistía a la generalización. Y es precisamente eso lo que, desde el advenimiento de la estadística y su utilización para técnicas de gobierno, parece haberse impuesto como forma de expresar la realidad. Hoy nos enfrentamos a una yuxtaposición infinita e ilimitada de singulares que no constituyen un plural, que no logran enlazarse bajo una noción abarcante. Así, las palabras pierden eficacia y significación: ¿quién es hoy artista? ¿qué es ser artista? Son preguntas que no se pueden responder de manera genérica, que a lo sumo podrían pensarse estudiando a cada sujeto, cosa que sólo pueden hacer los procesadores sintéticos, pero no los seres humanos. Y, en ese caso, no habría tampoco un criterio único posible.

El siglo XXI llega en un mundo que ha democratizado enormemente el acceso a determinadas tecnologías que permiten que cualquiera que lo desee pueda bastante fácilmente producir imágenes. Como resultado, hoy hay muchísimas más personas componiendo y compartiendo imágenes que buscan ser atractivas que gente interesada en mirarlas. Como consecuencia de la ampliación de las posibilidades técnicas y la compulsiva participación en lo virtual se dio una transformación radical de la mirada, que ahora se ve atravesada por la digitalización, es decir que convierte a todo lo que toca en "dato individual" y transmuta en avatares digitales a los cuerpos analógicos, imperfectos y vulnerables.

La idea de un orden social natural o autorregulado se encontraba en el fundamento de lo que Adam Smith, y con él también la Modernidad tardía, pensó como base fundamental de la concepción de la "naturaleza humana". En su reemplazo se presenta su reverso casi perfecto: la democratización de bajo grado y el mandato de realización individual que caracterizan a la sociedad actual constituyen el caldo de cultivo ideal para una rivalidad permanente y multidireccionada entre todos sus integrantes, que buscan expandir su campo de acción a través de avatares mercantilizados.

Al mismo tiempo, la virtualización de la experiencia de lo común (extremada, pero no creada, por la limitación al contacto físico que se propuso como respuesta al covid-19) se dio en conjunto con un enorme aumento de la creación de avatares y personas digitales que adoptan el movimiento de las mercancías y la obligación de ser consumibles. El autodiseño virtual y el corporal coinciden en el yo del usuario.

En la actualidad, el factor que forma el gusto, que domina el campo cultural y la producción de imágenes no son las artes sino los diseños *inútiles* (es decir, aquellos que no tienen como finalidad otra cosa que incrementar el capital). Mientras tanto, la obra de arte es desplazada en importancia por el artista y éste se confunde permanentemente con un diseñador, dejando de lado aspectos improductivos y espirituales del arte y responsabilizando al individuo de los resultados cuantitativos de sus creaciones. En esa línea, nos encontramos con artistas cuyos trabajos se basan en formas de auto explotación (que entran en una dinámica global, trabajada en textos que van desde la *Psicopolítica* de Byung-Chul Han hasta el *Self emprendedor* de Ulrich Brökling).

Frente a eso, hoy es fundamental poder tomar noción del salto de escala (hacia adentro y hacia afuera, pero en todo caso abarcando mucho más) que implican estos tiempos y de la importancia de tener en cuenta una perspectiva amplia (*macro*) y colectivista, que pueda dar sentido a las series de regresiones a experiencias *micro*, más recurrentes en la actualidad.

17

Es llamativo el modo en el que la disyuntiva entre uso e intercambio que caracterizó al capitalismo se ha reactualizado en las artes visuales del siglo XXI, sobre todo porque se dieron movimientos en direcciones distintas. Hoy conviven, sin necesariamente contraponerse, en un polo, el "artivismo" (ligado en gran medida al significado) y, en el otro, la fiesta, el entusiasmo y la vida-como-arte (tendientes a la pura forma), en un entramado de agentes (y cronistas) que reivindican el "derecho a vivir del propio trabajo", cuando también podría pensarse que sufren la *necesidad* de vivir de su trabajo y aspiran al *derecho* a imaginarse otras formas de vida y de circulación de las obras. Por un lado, entonces, se ve un renovado compromiso político en piezas críticas de la desigualdad, del maltrato que sufren migrantes y minorías o, en general, de las terribles condiciones en las que gran parte de la humanidad vive hoy gracias a la estructura económica basada en la acumulación de capital y al privilegio que globalmente se le ha otorgado al sector financiero, que absorbe los "recursos" humanos y naturales sin miramientos de ningún tipo. Ese tipo de obras, que hoy en día ocupan parte importante del *mainstream* del arte y son numerosas en museos y galerías, resultan en una desmitificación del arte. Son obras que parecen querer decir algo, revestir un mensaje que debería ser comprensible, decodificable. La contemplación de estas piezas parece exigir un tipo de sensación, que articula la obra "desde afuera" y la convierte en una pura mediación formal (intercambiable) de un contenido a comunicar. En algún sentido, esas obras parecen buscar también respuestas o acciones por parte del público. De hecho, no son pocos los casos de muestras en los que se hace explícita la adhesión a determinadas causas aludidas más o menos explícitamente en los trabajos presentados. Esta es una idea que parece venir de la práxis política: mejorar la vida, hacer cosas que sirvan, que tengan la potencia de liberar cadenas, que concienticen a *la gente*, etcétera, como si el imperativo de la utilidad también hubiera encontrado el modo de penetrar el arte desde esa arista moral.

Frente a eso, como ya se dijo, Rancière planteó que el arte tiene que ver con la creación de relaciones, con una serie de prácticas y acciones que están ligadas a través de su participación en la dimensión sensible y en la forma del disenso. De modo que el lazo entre arte y política no está dado (sólo) por la inclusión de determinados contenidos, sino fundamentalmente por su forma de existir (el conflicto). Definir el arte como herramienta de comunicación, como algo cuya función es comunicar algo a desentrañar, es un "error romántico" que implica buscar la eficacia del arte tal y como funcionaba en su régimen representativo, sin tener en cuenta las características del régimen estético.

Por otro lado, pero simultáneamente, parece haber surgido una nueva camada de participantes del microclima de las artes visuales cuyos planteos recuperan ciertos matices ideológicos del *art pour l'art*, rechazando cualquier articulación con el afuera de la obra. Pero, aunque plantean que todo uso o mensaje es anticuado, burgués o simplemente penoso, fomentan muy activamente la circulación mercantilizada de las obras. Este tipo de actitud se ha visto incrementada en la última década gracias a las plataformas virtuales que permiten un teórico encuentro des-mediatizado entre artistas y clientes, por ejemplo a partir de la tecnología blockchain y sus aplicaciones (como los NFTs). En este caso, nos enfrentamos a una construcción discursiva paradójica, que separa el valor simbólico y el valor económico de manera ambivalente (entre la ingenuidad y la estrategia de mercado).

En ese sentido, Silvia Schwarzböck –en un texto que discute de manera puntual el envío argentino de la obra de Nicola Costantino a Venecia– indicó que "en la actualidad, todas las artes internalizaron completamente el sistema de mediaciones al que, a comienzos del siglo pasado, sólo estaba sometido el cine. Ese sistema le había sido copiado, en partes iguales, al Estado, por su organización burocrática y jerárquica, y a la industria, por su capacidad de producir en serie y de pensar según las reglas del marketing. Las instituciones (públicas y privadas) que conforman actualmente el circuito de consagración artística controlan la forma en que la cultura se desarrolla como un todo (en su parte pública y privada), incluso cuando cada vez más artistas apuesten a liberarse de su tutela y se valgan de internet para reemplazar sus mediaciones, porque internet irónicamente las replica, al iniciar por fuera del circuito público-privado-oficial la inserción de los artistas en ese mismo circuito… Hoy, finalmente, la omnipresencia del mercado se ha vuelto más ominosa (más invisible) que la del Estado". Y es en ese punto en donde las dos tendencias recién mencionadas se encuentran sometidas a una misma lógica.

Nietzsche consideró (algunos años después de su primera publicación) que tendría que haber cantado, en lugar de escrito, *El origen de la tragedia*, porque la potencia del arte es mayor que la de la filosofía para acceder a ciertas tramas de la vida. Hoy, pareciera que muchos artistas tienen la intención contraria, es decir, obtener cosas o hacer política o filosofía a través (o en lugar) de obras de arte, como si todo obrar estuviese necesariamente destinado a tener un uso concreto. En ese sentido, es interesante comparar esta posición con la del últimamente tan vituperado Agamben, quien piensa más en la desobra y en la potencia de no hacer que en la exposición y usufructo constante de nuestras capacidades.

18

El diseño cambia de manera medible las posibilidades y condiciones de la vida. El estudio de los materiales es una de las actividades fundamentales para el avance tecnológico que hoy puede verse desde los basureros industriales hasta los sueños de terraformación (como lo plantean, de modos muy diferentes, Benjamin Bratton o Martín Arboleda). Entonces, más allá de cómo se denomine (o autodenomine) una actividad, una obra o su artífice, es posible realizar una separación entre operaciones técnicas y artísticas. Por supuesto, es una separación que a veces puede ser forzada (sobre todo en la actualidad) y que tiene infinitos vectores de modulación, pero eso no suprime la importancia de seguir pensando en ese umbral.

Dado que sirve a causas externas, el diseño tiene finalidad, pero no final y siempre puede emplearse para modificar lo existente y crear cosas nuevas. Incluso, como lo demostró Jussi Parikka, el uso ordenado de la materia hace del diseño una función que puede unir temporalidades y geografías increíblemente distantes (y cristalizarlas en un pequeño chip de teléfono celular). Entonces, ¿por qué podría hablarse hoy de diseño inútil si, justamente, lo que define al diseño es servir para algo? En primer lugar, porque, al lado de los grandes avances en muchos campos, desde la medicina al desarrollo de energías alternativas, hay ramas enteras del diseño y la tecnología contemporáneos que se dedican exclusivamente a ejercer algún grado de manipulación con el fin de obtener beneficios para una reducida elite y ya no para mejorar la vida en general. Durante el siglo XX, el diseño logró una centralidad y un perfeccionamiento inéditos y fue el artífice de grandes avances en cuestiones muy sensibles para la vida que llevamos actualmente. El conflicto es que, no obstante, este avance fue llevado a cabo desde una matriz que responde a la cuantificación y mercantilización de todo lo que toca. Dicho de otro modo, hay técnicas –como el telemárketing– que, si bien "sirven para algo", su utilización es dañina y, al contrario de cualquier teoría de la técnica, no modulan el ambiente para poder habitarlo colectivamente. Además, como plantea Bratton en *La terraformación*, "desde el Hombre de Vitruvio hasta los perfiles de Facebook, siglos de 'diseño centrado en el ser humano' (HCD) han traído herramientas más utilizables, pero en muchos dominios importantes el diseño es demasiado psicologizante, individualizante y antropocéntrico sin ser lo suficientemente humano. Cuando se elevó a un principio universal, el HCD también trajo consigo basurales de bienes de consumo, sofismas en las redes sociales y una incapacidad para articular futuros más allá de angostos clichés".

Eso hace que la neutralidad de la tecnología pueda ser puesta en duda, ya que toda técnica y todo diseño aparecen en una matriz productiva que les deja sus huellas más allá de las voluntades concretas involucradas en cada uso. Pero el diseño, como el ser, *se dice de muchas maneras* y no puede reducirse a su uso para estilizar mercancías. Gracias al diseño hay también mejoras notables que van desde la posibilidad de reemplazar órganos y restaurar extremidades hasta la planificación económica. No nos olvidemos que la diseñadora Charlotte Perriand formó parte (junto con la Bauhaus y otros movimientos similares) de algo así como una de las vanguardias más reales en cuanto a sus efectos del siglo XX, con ideas de un diseño que buscaba mejorar la vida de las mayorías. En 1936, en medio del *XIIIº Salon des arts ménagers* (una feria de ciencia doméstica, totalmente alejada del mundo del arte, llena de publicidad de aparatos para las amas de casa funcionales a sus maridos), Perriand presentó un mural llamado *La pobreza de París*, donde se mostraban las condiciones deplorables de higiene y vida de los barrios más pobres. Desde la Bauhaus, las posiciones de Alma Siedhoff-Buscher y Marianne Brandt se encuadraron en una línea similar, más allá de que según Baudrillard esta escuela haya sido, sin quererlo (su posición estaba más cerca del marxismo que de cualquier otra perspectiva política), uno de los impulsos hacia la *economía política del signo* en la que productos-imagen comenzaron a circular emancipados de sus funciones.

Hoy nos encontramos con un uso generalizado del diseño para el perjuicio de sus destinatarios, así como una virtual dependencia del autodiseño como método para aparecer en la vista del prójimo. Asimismo, como contrapeso, hay un ejército de artistas sometido permanentemente al diseño-para-el-mercado, aceptando (a veces con gusto, a veces por necesidad) contribuir a la explotación del planeta y sus habitantes. Entonces, mientras que las artes se habían caracterizado por trascender de algún modo a las técnicas (por librarse de la utilidad inmediata y por la posibilidad de hacer un uso no predefinido de la materia sobre la que operan), hoy tienden a subsumirse a la lógica de la matriz neoliberal.

Como complemento de lo anterior, existen miradas que buscan resaltar el ángulo creativo del diseño como posibilidad para nuevas imaginaciones y prácticas. Un buen resumen y comentario de esta cuestión se encuentra en el libro *Futuridades*, de Ezequiel Gatto. Allí, se lanzan algunas reflexiones sobre el diseño desde una perspectiva política que busca ir más allá del imperativo del valor centrado en la mercancía capitalista, bajo la idea de que "somos seres técnicos" que también portan "la capacidad de proyectar usos y funcionalidades y de lidiar con los efectos imprevisibles de las invenciones". Gatto resalta, a partir de Damian White, los riesgos planetarios (tanto sociales como ambientales) a los que nos enfrenta el diseño actual basado en una economía de hiperconsumo que opera bajo imperativos de valorización absolutamente cortoplacistas. Sin embargo, también subraya algunos gestos que pretenden reorientar las prácticas del diseño hacia formatos colaborativos, cooperativos y vitales, que utilizan software libre y reglas democráticas.

Como sea, y más allá del signo positivo que pueda colocarse sobre un tipo de diseño que potencie la creatividad, la imaginación y la apertura a nuevas formas de vida, el diseño se encuentra limitado ontológicamente por su programación, por su finalidad, que es obtener un resultado útil para algún fin previamente determinado, mientras que el arte no. Tal y como postuló Étienne Souriau en *Los diferentes modos de existencia*, "si esta mesa físicamente está hecha por el carpintero, está todavía por hacer en lo que concierne al filósofo o al artista". Desde el diseño, se piensa en los materiales (físicos o simbólicos) como potencia de, y como resistencia a, aquello que se quiere llevar a cabo. Mientras que, desde el arte, esas resistencias pueden ser puestas a favor de las obras.

19

Hal Foster, en su *Design and Crime*, de 2002, llevó adelante un importante aporte a esta cuestión. Vale la pena retomar sus argumentos de cerca y con calma. Su punto de partida es un debate que tiene más de un siglo. Foster hace una lectura contemporánea de los dichos de Adolf Loos, un defensor de la separación acérrima entre utilidad y decoración. En el año 1900, Loos se burlaba alegóricamente de "un pobre hombrecito rico" que le pedía a un representante del Art Nouveau que diseñara su casa poniendo "arte en todas y cada una de las cosas" convencido de que lograría infundir su personalidad en cada detalle, expresándose como individuo a través de los objetos, es decir, objetivándose (pero también, entonces, objetualizándose). El mayor problema que econtraba Loos era que este sujeto-objeto se daba por completo y terminado, es decir, perseguía (al igual que su diseñador) una especie de extinción de la vida, que paradójicamente, desterraba cualquier alusión a la muerte. Esta forclusión de la finitud era, para Loos, una verdadera catástrofe. Foster también revisó los argumentos de *Ornament and Crime*, un libro de 1908 en el que Loos desataba su irritación contra el diseño ornamental, denunciándolo como una suerte de involución civilizatoria y de acto anti-sublimatorio (mucho antes que las críticas que, en un sentido similar, desplegaría Marcuse contra la tecnificación de la vida).

Todo aquello que representan Loos y su puritanismo antidecorativo fue largamente condenado cuando la Modernidad se mostró monstruosa y mortuoria. Sin embargo, Foster sostiene que, sin necesariamente adoptar sus ideas en toda su magnitud, hoy es útil revisitarlas: "tal vez los tiempos han cambiado de nuevo; tal vez estamos en un momento en el que las distinciones entre las prácticas pueden ser reclamadas o rehechas sin el bagaje ideológico de la pureza y la propiedad".

Como vemos, la confusión o des-limitación entre valor de uso y valor artístico no es un tópico nuevo. Sin embargo, el debate en torno de esta cuestión adquiere una nueva resonancia en esta época en la que "lo estético y lo utilitario no sólo se confunden, sino que se subsumen en lo comercial y todo –desde los pantalones hasta los genes– parece considerarse diseño [...]. [De modo que] cuando se pensaba que el bucle consumista no podía ser más estrecho en su lógica narcisista, lo ha sido: el diseño facilita un circuito casi perfecto de producción y consumo, sin mucho espacio para nada más", subraya Foster. Como consecuencia, el diseño parece haber colonizado la creatividad y la proyección en todos los ámbitos de la vida (desde el maquillaje a la procreación, pasando por las drogas y la alimentación), todos los estratos culturales (generaciones, clases socioeconómicas, geografías) y todas las escalas (desde el yo hasta el gobierno y control de poblaciones y biomas a nivel planetario).

De la mano de la expansión de la publicidad, el fetichismo de la mercancía se convirtió en la lógica imperante, en la *lingua franca* universal, a través de la misteriosa combinación entre una aparente innovación constante y una simplificación de la comunicación (asociada a una permanente explotación de la atención, que acaba por ser siempre deficitaria). En ese pasaje, el embalaje, el embrujo y el quiebre del dualismo entre el "sujeto productor" y el "objeto producido" fueron fundamentales. En la actualidad, la capacidad de adaptación y personalización de productos masivos borra y afirma a la vez la individualidad de quienes consumen. Pero también la de quienes producen, bajo la reducción de la actividad humana al llamado "prosumo" (un consumo que produce valor para otros), en medio de un avance espectacular de las industrias mediáticas y las redes sociales, que datifican la realidad, haciéndola aun más dinámica e inasible. Recordemos que no sólo las empresas, sino también las instituciones académicas y artísticas han comenzado a buscar en el diseño gráfico sus "identidades de la marca", que finalmente las equiparan con productos mercantilizables. La imagen del prosumo es muy útil para comprender la estructura de esta época en la que el consumo de bienes inmateriales es cada vez más abrumadora. De hecho, mientras que la alta burguesía industrial tenía un interés en "educar" el gusto de las poblaciones, los poderes contemporáneos prefieren alentar la imaginación realista-capitalista al modificar, editar y rediseñar infinitamente productos que puedan responder a los deseos instantáneos de quienes consumen y producen valor simultáneamente. Porque aunque la creatividad social sea ilimitada, las posibilidades de la imaginación individual chocan con los cuerpos (empezando por el propio) y sus contornos delineados por la matriz social en la que se encuentran inmersos.

La fantasía del diseño contemporáneo, volviendo a Foster, es integrar borrando, es desterritorializar la imagen y el espacio desprendiéndolos de sus referencias y sus principios estructurales. De ese modo, el diseño avanza más rápida y eficazmente hacia la transdisciplina que cualquier universidad o colectivo artístico, a través de la vía del capital. Así, reemplaza las líneas sublimatorias por precarias fijaciones narcisistas carentes de interioridad, lo que tiene como resultado una sociedad que transita extenuada un escarpado camino entre la ansiedad, la frustración, la manía y la depresión.

20

Habiendo llegado a este punto, cabría preguntarse profundamente si no hay un viso de utilidad en todas las expresiones artísticas, de las abstractas a las figurativas, de las más lucrativas a las más oscuras y de las más impenetrables a las más populares: todas. Para eso, es preciso bucear en las características *menos históricas* de los humanos y comenzar preguntándonos en qué somos particulares, qué nos diferencia de otras formas de vida. Tal vez la cuestión no radica tanto en la diferencia específica cualitativa (que es lo que tendió a hacerse: "animal racional", "viviente político", "animal moral", "animal creador", etcétera) como en la magnitud: no somos el único animal que participa de la razón, no somos el único ser con inclinaciones estéticas, no somos el único ente que modifica su medio como forma de existencia, sino el que hace esas cosas de modo veloz y cuantitativamente colosal.

Y, como sugerimos antes, esas características redundan en una sensación de malestar frente a la realidad tal y como se nos presenta inmediatamente. Si existiera un *grado cero del habitar el mundo* (que sería una situación de comodidad total con el entorno), este estaría probablemente vinculado con las conformaciones más simples y automáticas de existencia. A medida que se van complejizando, las formas de vida se van volviendo también más incómodas llegando, en el caso humano, a una vida que es inseparable de la necesidad de modificar artificialmente sus circunstancias.

Si somos un animal que tiene que transformar sus condiciones inmediatas para poder habitar el mundo, el arte es parte de esa necesidad y por lo tanto es también útil, es también *algo que se hace para algo*, es parte de la ortopedia que naturalmente aplicamos sobre nuestro entorno. De modo que el Antropoceno no sería otra cosa que un mal paso dentro de esa historia ("malo" porque transformó el ambiente-continente hasta un punto en el que corre riesgo la subsistencia de ese entorno), pero no un acontecimiento del todo disruptivo. En otras palabras, sería una forma pésima de hacer lo que es invariable e inevitable para nuestra especie.

Pero eso no debe nublar la crítica de la contemporaneidad: el arte mercantilizado, que surgió junto con la biopolítica y el paradigma cientificista moderno hace ya varios siglos, no es parte necesaria de esa forma de vida que nos caracteriza desde que hay rastros humanos, sino la capa específica que resultó de matematizar y volver mercancía todo lo existente. El ímpetu por acumular y hacer crecer al dinero que se encuentra por detrás de todas las actitudes mercantilizantes hace que el fin de las acciones sea la ganancia y no la transformación del mundo hacia una vida "más" vivible.

Así y todo, hay quienes, como Adorno, vieron en el arte moderno potencialidades emancipadoras; que vieron en la propia existencia de las obras de arte la posibilidad de reencontrarnos con ese gesto *crítico* de la realidad circundante, con esa pregunta que busca transformar como necesidad para habitar. La obra, entonces, como posibilidad de remitir a ese mundo ya perdido, recubierto por el capital y el dato, en el que la conversión de todo lo existente en recurso para la ganancia que produce el capitalismo tiene como contracara el retraimiento o inhibición del mundo del arte como transformador de la experiencia vital. Si *lo político* es, como dice Chantal Mouffe, la dimensión de "antagonismo y de hostilidad que existe en las relaciones humanas" y *la política* es la arena en la que tales tensiones se institucionalizan, ordenan y organizan, ¿es posible un arte que se deje atravesar por lo político sin someterse a la política?

Mientras se siga discutiendo acerca de propiedad y autoría en términos modernos y capitalistas, no habrá realmente un espacio para pensar un arte por fuera de ese marco. Frente a la conveniencia comercial de que algunas cosas se vendan como "obras de arte", ¿con qué operaciones, con qué mediaciones se puede intervenir? La pregunta sobre el arte es relevante (ayuda, entre otras cosas, a pensar qué se le puede pedir). Diferenciarla del diseño también lo es. La dificultad para distinguir arte y diseño hoy es clara y tiene que ver con que ambas actividades se encuentran imbricadas dentro de una matriz que hace que tarde o temprano todo termine siendo una mercancía. Frente a la indistinción actual entre arte y diseño que "deslegitima" al arte y a una cultura que necesita hacer todo equivalente para poder ser intercambiado, ¿qué arte puede habilitar formas de relacionarnos con el estándar uniformizante que nos ayuden a vivir mejor? ¿Cómo salir de la lógica de la crítica a la crítica? ¿Cómo rehabilitar un disenso que no sea reabsorbido por la efectividad algorítmica del capitalismo financiero?

21

Tras algunos años de tensión entre la búsqueda de una autonomía total y una apuesta política alrededor de las obras, el siglo XXI planteó la transformación de las prácticas artísticas (y todas las demás). En un contexto en el que la voluntad personal dejó de ser un factor de interferencia real, toda producción es, en algún momento, para el mercado, pues siempre involucra una serie de recursos técnicos que están construidos por él. Después de Sartre y el individuo como voluntad, surgió con toda su potencia una etapa de profesionalización, mercantilización y automatización de las interacciones que individualiza tanto como dividualiza.

Luego de décadas de ausencia, se impulsó por primera vez una propuesta para la creación del Instituto Nacional de Artes Visuales desde colectivos como Artistas visuales autoconvocades, que, mientras representa un avance inédito en esa materia, muestra claramente la dificultad actual para trazar un límite para las figuras "arte" y "artista". En el texto de la propuesta se lee: "se considera artes visuales al conjunto de prácticas, proyectos, acciones, procedimientos y producciones vinculadas al campo de las artes visuales, generadores de conocimiento, experiencias sensibles y patrimonio; así como también a un sistema de interrelaciones situadas entre las comunidades y sus territorios. Es a su vez el campo de producción de capital simbólico, económico y material que implica a les trabajadores del arte en su amplia diversidad" (Artículo 2º). Asimismo, "se considera trabajadores de las artes visuales a toda persona que desarrolle prácticas dentro del campo de las artes visuales y afines, entendiéndose ellas como un entramado de profesiones, oficios, roles y funciones que hacen del mismo una red múltiple, amplia y diversa" (Artículo 3º).

¿Quién es artista (o, mejor, quién no lo es) dentro de estas definiciones? ¿Quién no contribuye a la sociedad en alguno de los sentidos allí señalados? ¿Cómo resaltar el punto de vista y las necesidades de quienes trabajan en el mundo del arte y promover su bienestar? ¿Hasta dónde llega la cadena de suministros necesarios para que exista el arte contemporáneo o cualquier otro ámbito de la cultura? La imposibilidad de conformar demandas colectivas en contra de los poderes reales (¿cómo hacer un paro de artistas?) y la necesidad imperiosa de cada artista de cargar con la difusión y generación de público como gajes del oficio son muestras de la vulnerabilidad a las que están ya expuestos en estos tiempos. Filosóficamente, el ser es infinito, pero jurídicamente, si se quiere dar un marco regulatorio y una protección a un colectivo determinado, hace falta poder limitarlo. O des-limitarlo completamente y pensar (como han propuesto algunos grupos y experiencias)[5] que una renta básica universal sería la mejor política cultural posible, especialmente cuando estamos frente a una crisis generalizada de todo el sistema de empleo a nivel mundial y a un nuevo significante ("Antropoceno") que implica al ser humano como creador activo, como productor (¿como artista?) del mundo en el que vive. De ese modo, "artista" se podría convertir en un significante que conjure y potencie un sentido de las luchas, que cree un colectivo y defina performáticamente direcciones.

¿Cuál es el actor que más se beneficia con la situación del arte actual? ¿A qué amo sirven las obras, tomadas en su conjunto? Nos enfrentamos a una modulación de la subjetividad contemporánea y, a menor conocimiento o conciencia de los factores que la influyen, menor será su campo de acción. En las antípodas de la mercantilización desmedida de las obras se da la simultánea precarización de las vidas de quienes las producen, en un sistema general de la comunicación (y la democracia) atravesado por esos mecanismos que hacen que la norma sea la auto-explotación. ¿Qué posibilidades efectivas de rechazar esas reglas tenemos? ¿Cómo puede trascender una idea, si para expandirse precisa convertirse en *hashtag*?

Desde una aproximación cercana a la sociológica, Guadalupe Chirotarrab ha pensado el sistema del arte porteño aportando aristas muy interesantes. En primer lugar, delineó los contornos del valor simbólico (extraeconómico) con el que se paga gran parte del trabajo de los artistas contemporáneos, que hace que muchas personas pongan dinero de sus bolsillos (o de los de sus familias) y desplieguen sus redes de relaciones personales para acabar produciendo obras gratuitas para determinados

---

5   Por ejemplo, "Gente que trabaja en cultura, por una renta básica universal y incondicional" (bit.ly/RBartecas) o "Una Renta, Muchos Mundos" (archive.ph/1UYce).

eventos, personas o situaciones. Esto se trenza con una "cultura de la celebridad" que (a su vez) viene cada vez más asociada a la promesa de un bienestar económico futuro.

Habría que decir que hay una subsistencia (sobre todo dentro del sistema) de la idealización de la figura del artista que sobrevive, a su modo, desde la Modernidad. De alguna forma, ser artista es considerado aún algo especial. Sin embargo, ese hecho nubla algunas cuestiones más ligadas al arte como trabajo que hacen a las condiciones de vida de quienes se involucran en las labores artísticas. Ricardo Basbaum definió, en su "Amo a los artistas-etc.", muchas de las tareas que eso implica. Del mismo modo, Chirotarrab realizó una operacionalización de las formas de ser artista y describió tres dimensiones que organizan la producción de valor en el mundo del arte: una "productiva" (las obras "en sí", más allá de los sucesivos corrimientos que ha sufrido la condición objetual y de la enorme integración con la vida cotidiana en ese campo), una "burocrático-administrativa" (relacionada a la permanente obligación de enviar emails, llenar formularios, armar *dossiers* y hacer presentaciones y a la necesidad de desarrollar un *know-how* al respecto, lo cual involucra en el ejercicio del arte a una serie de actores intermedios, como gestores que no tienen necesariamente una sensibilidad por el trabajo de sus representados) y una tercera dimensión "relacional" (el estímulo de las relaciones sociales y afectivas como promesa y recompensa del trabajo artístico). Abre así las posibilidades de una definición multidimensional del artista contemporáneo y sus estrategias para subsistir en el medio artístico. Son ilustrativas, al respecto, obras como las de Luís Hernández Mellizo, quien plantea una especie de "doble nacionalidad" de quienes se dedican al arte, participando de las mejores fiestas con dinero ajeno y por otro lado rozando los límites de la subsistencia económica.

Por otra parte, Chirotarrab define cuatro mercados específicos que, con complejas interpenetraciones, conforman el gran mercado de las artes, involucran un gran número de actores y declinan la generación y circulación de valor en el universo de las artes visuales: el mercado de obras (la expresión más evidente del mundo del arte), el mercado intelectual (sobre arte), el mercado laboral (asistencia y gestión, entre otras tareas, muchas veces pagadas simbólicamente) y el mercado de las instituciones. Sobre este último, aunque ya se ha dicho bastante, vale la pena extenderse un poco más.

Las instituciones artísticas, tal y como están planteadas hoy en día, tienen varios tipos de *targets*: quienes hacen obra, el público y un terreno intermedio que está habitado por personas dedicadas a la curaduría, los programas educativos, las relaciones públicas, la limpieza y muchos otros oficios. Por motivos que van desde la necesidad (sobre todo en instituciones públicas, con muy escaso financiamiento) hasta el *branding*, los museos han cedido en gran medida a la espectacularización y mercantilización del elemento artístico. El mayor problema de adoptar guiños y estrategias del lenguaje publicitario o de la incitación a la *selfie* y la circulación de "contenido" en las redes sociales es que hay espacios que lo vienen haciendo hace más tiempo y saben hacerlo mucho mejor, entre otras cosas, por no tener ningún reparo estético o moral al respecto. De modo que, al entrar en ese código, los museos acaban compitiendo con exposiciones de "arte inmersivo" y una gran gama de espectáculos que prometen experiencias y aventuras.

La cuestión, nuevamente, es que el entramado general en el que se desarrolla el arte empuja tanto a la mercantilización de las obras como del tiempo de trabajo, del estudio y el conocimiento y las relaciones socio-afectivas que las atraviesan. Hay artistas que quieren cambiar el mundo, hay artistas que quieren expresar "su ser", generar sentimientos, compartir un momento, revelar una forma, ser el canal por el que se manifiestan fuerzas y tensiones, ser parte de una "escena", etcétera. Las opciones son infinitas. Además, cada artista necesita comer y la mayoría tiene el deseo de poder hacerlo gracias a su trabajo. Comer es necesario para vivir y querer comer bien es justo. Pero esa no debería ser la única cuestión que se discute al hablar de arte. Tal vez el desafío actual sea desarrollar una mirada que desprenda la producción de la productividad, que pueda ampliar el sindicato al gremio, que busque el mantenimiento de una forma de vida y que pueda exigir tanto mejoras o reivindicaciones económicas como posiciones éticas, estéticas y políticas que limiten o pongan en suspenso la verticalidad del armazón actual.

22

Existen distintas conceptualizaciones que tratan de vincular la producción humana con el contexto epocal, la elaboración tangible, sensible y simbólica con las conformaciones histórico-políticas. La más célebre es sin duda la concepción marxiana del "Modo de producción" como conjunción ideológico-material. También hay análisis que ligan la producción "en general" con la producción artística (de proveniencias tan disímiles que van de Erwin Panofsky a Ilya Kabakov) y permiten avanzar hacia una comprensión de las subjetividades en danza, la valorización de las distintas tareas o funciones sociales y del lugar asignado a quienes se dedican al arte, o pretenden hacerlo.

Digamos que, si en la Modernidad el constructo europeo llamado "arte" comienza a producir objetos ligados, primero, a una demanda, enlazada a un deseo interno –del artista– o externo –del cliente o mecenas–, pero también a una cierta forma de lo extraordinario, en el presente, las obras son productos menos controlados (programas autogenerativos, circulación toquenizada, performances, piezas espontáneas) que hacen del "artista" un lugar menos claro o delimitado y cuestionan la idea de arte como lenguaje expresivo.

El encuentro entre ese tipo de democratización de herramientas técnicas que facilitan la producción de imágenes, la globalización de los flujos de información y el poder de las aplicaciones digitales tiene como consecuencia que, por primera vez, aquello llamado arte por la sociedad no coincide con lo que sus integrantes individualmente consideran digno de admiración. En otras palabras, el problema ya no es tanto de "gusto", como de definición; la apreciación y determinación sobre qué es arte se ha fragmentado tanto como los acuerdos sociales que sostenían ciertos valores.

El "sistema del arte contemporáneo" es tan antojadizo y azaroso como orientado al mercado y la ganancia, lo que lo hace un espacio muy reducido y con escasas (si no nulas) incidencias en el discurso social. Dentro de ese sistema, se valoran en general ciertas estrategias, como la fragmentación o la oposición a la confrontación en términos de estética, pero que en algún sentido son abstractas (parecen situarse más en el lenguaje que en la práctica) y no remiten a marcas o estilos, como sucede en otros anaqueles de la historia del arte.

Es cierto que, al quebrarse la idea de representación moderna, deja de haber un espectador privilegiado abstracto y comienza a cobrar importancia la experiencia personal de lxs espectadorxs reales. Pero, por eso mismo, la cuestión ya no es solamente incorporar al sistema del arte obras de "arte latinoamericano" o "hecho por mujeres" u otras "minorías" (en muchos casos, mayoritarias numéricamente), sino repensar completamente las categorías que lo atraviesan. Así se podrá encarar una reflexión menos ingenua acerca de las condiciones que permiten la construcción de ciertas concepciones desde su propia raíz.

La fotografía liberó a los pintores de la obligación de la reproducción fidedigna, pero al mismo tiempo sembró una sospecha acerca de las capacidades humanas para retratar la realidad. A partir de la llegada de la cámara fotográfica, el aparato comenzó a captar mejor el mundo que las personas, echando sombras sobre el sujeto productor moderno como centro del universo. A la vez, la cámara implicó una estandarización cada vez mayor de las imágenes visuales, del mismo modo que la enorme difusión que tuvo (en la misma época) el piano como instrumento que pasó a poder fabricarse y consumirse a nivel familiar (burgués). Eso, asimismo, diluyó la figura del genio a favor del aparato, que absorbió gran parte del trabajo interpretativo. En las artes visuales, el "paso de mando" de Jackson Pollock a Andy Warhol implicó, en este mismo sentido, un desplazamiento de la mano del artista irremplazable a la cabeza de quien toma decisiones mediadas, mediatizadas.

Hoy en día, cualquier ser humano de más de dos años puede lograr una foto en Instagram, cuestión que ha impuesto un cierto estándar de belleza en grandes porcentajes de la población mundial. Y eso sin desmedro de la radical transformación, que ya se está dando en el universo digital, que traen *inteligencias artificiales* como DALL·E o Midjourney, capaces de generar imágenes a partir de descripciones textuales. Precisamente, la nueva estandarización que propone el desarrollo tecnológico coloca a las artes en la necesidad de ir a buscar otros horizontes, una vez más. Asimismo, hoy hay una infinidad de artistas que provienen de la publicidad y el diseño, lo cual hace que ciertos lenguajes se cuelen y sea mucho más difícil trazar un límite o pretender hacerlo. Tal vez, entonces, el deslizamiento de la pregunta por el arte hacia un lugar menos esencial (del "¿qué es?" al "¿cuándo acontece?"), alimentó, a su vez, la concentración en contextos, escenas, atmósferas y circuitos, fuera de los cuales la posibilidad misma del arte parece estar nublada.

23

Vilém Flusser pudo ver, en su tiempo vital, hitos muy concretos de la caída del paradigma moderno europeo y el paso a la sociedad post-industrial. Eso, que en muchos casos trajo gran desconcierto y melancolía, en otros marcó una especie de fascinación con el pasaje de la objetualidad a la abstracción y *desmaterialización* de las mercancías. En ese contexto, Flusser analizó el paso de las herramientas preindustriales a las máquinas industriales y a los aparatos y programas postindustriales.

A través de sus reflexiones sobre la cámara fotográfica observó toda una época y vio cómo, con el uso de este aparato para generar imágenes, se invirtió la relación entre "hombre y máquina" que se había dado hasta ese momento. El operario ya no conoce ni puede controlar ciertos mecanismos internos que hacen del artefacto un símbolo de la cultura postindustrial, de la "cultura soft" y de un grado mayor de alienación humana. El aparato reinterpreta al mundo y lo vuelve información, que es una nueva materia prima en la producción de valor. Este artificio es, para Flusser, una manifestación del grado de desarrollo de la sociedad postindustrial que avanza hacia un tipo de expresión estética particular y, sobre todo, hacia el automatismo. Las intenciones detrás del aparato, según Flusser, son simbólicas, aunque habría que matizar esto a la luz de los efectos materiales que soportan tales transformaciones. Hoy es mucho más claro que toda la cultura digital y computacional tiene un peso muy concreto, que se puede medir, sobre todo desde los daños que causa.

Frente a esto, el análisis general marxista, anclado en el siglo XIX, encuentra limitaciones que exigen algunas actualizaciones (en el sentido que le dio Gramsci a tal idea). Dentro de estas, surge una nueva división de aguas que no es ya tanto la propiedad (aunque, sin duda, continua siendo un factor esencial) como la programación. A diferencia de las máquinas industriales, hoy el centro de la producción mediada por aparatos no busca cambiar "el mundo" en su materialidad, sino en su significación. Quien ejerce el poder no es ya quien posee sino quien programa. Así, el fotógrafo pasa a ser el funcionario de la máquina (¿o del ingeniero?). Al comprar una máquina de fotos lo que se adquiere, más que nada, es un programa que habilita la posibilidad de generar imágenes realizando una serie predeterminada de operaciones. Como condensó Cortázar, "no te regalan un reloj, tú eres el regalado, a ti te ofrecen para el cumpleaños del reloj".

Los usuarios pasan a trabajar para el aparato, para el programa, que a su vez se encuentra inserto en una serie concéntrica de programas cada vez más amplios que hacen que cualquier *hackeo* o manipulación imprevista de un aparato se encuentre siempre jugando a favor de la programación de un nivel mayor. De modo que siempre hay algún programa para el que las acciones humanas funcionan, siendo tal vez el más amplio el "capitalismo postindustrial". El programa tiene una serie de virtualidades y potencialidades que quienes lo usan ponen en acto, llevan a cabo, pero nunca superan o trascienden. En otros términos, las potencias del aparato acotan las potencias de quien lo usa y se subsume a su cadena de programación a gran escala.

El poder en la era postindustrial es un poder tecno-político. Frente a eso, se vuelve urgente retomar la pregunta sobre la posibilidad de un arte crítico o disruptivo en el siglo XXI, más allá de la fascinación por los entornos y herramientas. Hoy, la intención de una infinidad de artistas es claramente crítica, pero ¿hasta dónde llega su efectividad? Cuando lo institucional le abre la puerta a ciertas expresiones francamente anti-institucionales, cabe la pregunta de hasta qué punto uno de los extremos impone las reglas al otro, quién se beneficia más de esos intercambios. A mayor distancia, cuanto más macro es la mirada, todas las obras funcionan en algún sentido adentro de un programa predeterminado. ¿Es posible lograr hoy que una obra no termine actuando en algún momento de su vida como mercancía? Más allá de la voluntad de quien la creó o de quienes la vean, hay un nivel *meta* de la producción artística que termina subsumiéndola al sistema de la mercancía.

No debemos, no obstante, caer en el error de apuntar contra artistas, espectadores y obras (o, incluso, instituciones) en particular, sino contra la capacidad que ha desarrollado el capitalismo tardío para engullir cualquier expresión y achatar sus potencias. Desde ya, es imposible para cada artista en particular resolver esta cuestión ni cargar individualmente con este problema. Vivimos en una matriz que, en algunos sentidos, es incontrolable incluso para quienes se benefician absolutamente de su funcionamiento. Pero eso no debe servir para evadir la cuestión ni dejar de mencionar que el arte actualmente tiene menos eficacia política que en otras épocas. Tal vez, al contrario, decirlo claramente y buscar agregar una *nota de conciencia* sirva de ayuda. Flusser mostró formas de cambiar un poco la escala, moverse en flujos horizontales, evitar o cuidarse de algunas potencias estrictamente preparadas para trabajar de un cierto modo.

Por eso, una vez más, cabe pensar en la potencia de no como posibilidad de cortar con ese ciclo. A la vez, mostrar el funcionamiento de algunos medios y programas guarda un potencial político, pues, justamente parte de la función de los aparatos es su propio ocultamiento. Por citar un ejemplo actual, el paso de la cámara fotográfica a Instagram como herramienta más masiva de generación de imágenes supone una estandarización cada vez mayor de las operaciones y los productos y la generación de nuevos valores estéticos. Hoy, a la inmensa mayoría de usuarios de Instagram les parece más linda una foto con filtro que sin él. Volviendo a apelar a Flusser, a mayor programación de la sociedad, mayor automatización de la producción de imágenes y más marginalidad del lugar dejado para la acción humana (cada vez más prescindible). Hace algunos años, para producir una fotografía socialmente valorada había que estudiar y tener ciertas habilidades complejas. Actualmente, una fotografía socialmente valorada requiere muchos menos pasos. Entonces, mientras que la automatización tiene un potencial liberador (permite potencialmente tener más tiempo o más disponibilidad para los usuarios), en realidad el medio, el aparato programado, condiciona y automatiza la creatividad y la actitud frente a las obras.

También, la compra –la transferencia monetaria– se da cada vez más en un sentido que realza la programación sobre los objetos, cosa que se ve muy claramente, por ejemplo, en el universo de los videojuegos (exponente fundamental de la cultura del presente), pero no sólo allí. En el caso de los bienes no materiales (o, mejor dicho, menos atados a una materialidad fija), ya no es tanto la "propiedad", como la posibilidad del uso (en un primer nivel) y la programación (en uno más amplio) la relación que marca la soberanía. El *hardware* se vende cada vez más barato, como señuelo para un gasto permanente y generalizado en mejoras y novedades que se dan en el nivel del *software*.[6] No obstante, conviene tener cuidado de la fascinación con lo *soft*, que está anclada en lo *hard* tanto o más que la producción industrial del siglo XX. Además, si bien parece muy claro cómo dan forma las tecnologías a las políticas, es aún central pensar (recuperando, por ejemplo, la idea de "cosmotécnica" de Yuk Hui) cómo se da la relación en el otro sentido.

6   Sobre esta cuestión es de enorme utilidad el análisis de la cultura digital basado en cinco niveles (infraestructura, hardware, software, contenidos y red social) realizado por Mariano Zukerfeld.

24

Las definiciones clásicas de capitalismo (sin estar del todo superadas) ya no portan la misma potencia o precisión que en otros tiempos. Hoy se lanzan hipótesis que oscilan entre el *tecnofeudalismo* de Cédric Durand, los capitalismos con adjetivos ("cognitivo", "digital", "de plataformas") y la presunción de la llegada de una nueva etapa, probablemente peor pero ya no capitalista, como en el caso de McKenzie Wark. Como sea, hay una miríada de enfoques que coinciden en la necesidad de un replanteo de los axiomas tradicionales que se adecuen al siglo XXI. Como telón de fondo, el Antropoceno, como concepto y como hecho, pone en cuestión posibilidades tomadas como evidentes y temporalidades mucho más largas que las pensadas por la Modernidad. Que la acción humana sobre la Tierra haya modificado sustancialmente las condiciones en las que el planeta se va a desarrollar en los próximos cientos de miles de años tiene implicancias de alcances aún imposibles de comprender. Hoy sabemos que incluso si en los siguientes dos o tres siglos se terminaran efectivamente las relaciones sociales de producción capitalistas o si la humanidad desapareciera por completo de la faz del Globo, los efectos de nuestro habitar continuarán, irreversiblemente, durante un "largo plazo" (en la escala humana individual). Asimismo, si se diera el surgimiento de un diseño planetario benevolente para todos sus miembros, reinos y habitáculos, habrá que seguir enfrentando el Antropoceno. La cuestión, entonces, ya no es hacer llegar la revolución, sino lidiar con nuevas condiciones ontológicas. Eso hace que debamos atravesar grietas tectónicas más profundas sin poder olvidar las condiciones que el capitalismo tardío (financiero, biocognitivo) impone en la actualidad.

Desde el punto de vista del programa, de quienes controlan la programación, un artista es valorizado con los mismos criterios que cualquier otro ser humano, es decir, a partir del valor que genera (la novedad que puede traer) en los medios digitales, tanto voluntaria como involuntariamente. Es un insumo más del que se nutre el flujo de información digital. Adoptando esta perspectiva, no tiene sentido realizar una crítica que apunte al "mal" o "insuficiente" esfuerzo o trabajo de cada artista en forma individual, sino, al contrario, hacer un esfuerzo por razonar cómo es que cualquier discurso creativo o confrontativo pueda reabsorberse tan eficazmente desde *el otro lado de la pantalla*.

25

En *El capitalismo ha muerto*, McKenzie Wark buscó componer un cuadro contemporáneo (a partir del análisis estructural marxiano), tomando en cuenta las nuevas asimetrías de poder y su organización global. Aquí presento una lectura *libre* de sus escritos.

Ante un nuevo modo de producción, basado en la información, la totalidad de la organización de la vida se ve modificada. Y lo hace, fundamentalmente, por el surgimiento de dos nuevas clases, que no hacen desaparecer a las anteriores (como el capitalismo no hizo desaparecer las dicotomías entre terratenientes y reales productores agrícolas –cuestión muy evidente en un país como Argentina–), sino que se articulan con ellas como un nivel más de la complejidad social. Lo interesante del planteo de Wark es que, si bien no describe en profundidad los mecanismos, trabaja con distintas clases dominantes, dentro de las cuales una dirige (no sin resistencias) a las otras, así como a las clases subalternas (directa o indirectamente, dependiendo del tipo de relación social de producción en la que estén insertas), dada la instrumentalización y valorización de la información que se extiende y cubre el mundo de la producción en todas sus expresiones.

Las nuevas clases a las que hace referencia Wark son la "vectorialista" y la "hacker". Frente a un mundo moldeado a partir de flujos de información que circulan, la clase vectorialista está constituida por quienes poseen la capacidad de influir y dirigir esa circulación. En la actualidad, la mayoría de las 500 empresas más poderosas a nivel global están volcadas de algún modo al negocio de la información (es interesante cómo Wark coloca a Walmart, por ejemplo, en ese conjunto) y al gobierno de su tránsito vectorial. Así como en el capítulo 24 de *El capital*, Marx explica que el nacimiento de la burguesía no se dio como generación espontánea, sino, en gran medida, como reconversión de parte de la nobleza tradicional, la clase vectorialista de Wark surge de la clase capitalista industrial y financiera del siglo XX. Entonces, para expresarlo en pocas palabras, quienes hoy más se benefician de las cripto-monedas, la "cultura inmaterial" y la economía digital son, en algún punto, los mismos actores que se benefician (directa o indirectamente) de todo el resto de las tecnologías y los recursos, desde la *datificación* de la vida a la destrucción de la Amazonia.

Por su parte, la clase hacker[7] está conformada por quienes producen creativamente y traen "novedad al mundo" extrayendo "lo nuevo de lo viejo". Son quienes buscan modos de compartir y crear un flujo libre (no regulado vectorialmente) de datos, información y conocimiento. Participan de esta clase artistas, diseñadores y todas aquellas personas que terminan vendiendo su creatividad. Para Wark, la clase hacker crea mundos, pero no los posee, los hipoteca al interés de otros, de modo que aquello que produce termina por poseerla. El término "hacker" proviene de la informática y en general está directamente asociado a gente que trabaja anónimamente "contra el sistema" o "pirateando" información, pero Wark busca ampliarlo a todas las formas de producción creativa. Eso nos permite, justamente, crear vínculos entre quienes realizan trabajos de diversas índoles e incluirlos en un mismo colectivo, dentro del cual considero fundamental hacer entrar a quienes se dedican a la programación computacional, pues poseen un gran potencial a raíz del conocimiento de los lenguajes y las escalas con los que trabajan los poderes efectivos. Además, son quienes comparten el trabajo de *datificar* la realidad, de crear la información que luego es tomada como dada o "pura". ¿Será posible pensar en prácticas como el *live coding* como espacios de confluencia entre arte y código?

Quienes se dedican hoy a la programación trabajan mayormente para grandes compañías (no siempre en las condiciones que se publicitan) escribiendo líneas de código que ordenan acciones que en muchos casos desconocen. Estas personas tienen actualmente la capacidad de poner en contacto escalas muy diferentes, desde lo mini-micro hasta lo ultra-macro, y de crear entornos en los que todas las dimensiones intercambian y "dialogan". Tal vez la forma en la que se enseñan los lenguajes

---

7   El *Manifiesto hacker* tiene ya casi dos décadas. Desde su escritura, las redes sociales y la reorganización de la producción inmaterial supieron aprovechar y subsumir todo el trabajo gratuito que Wark resaltaba entonces. Eso reclama volver a pensar las estrategias posibles, tomando en cuenta el rol de las prácticas en la distribución y circulación del poder.

no se presta especialmente a la consciencia colectiva y la agrupación de intereses (es más bien lo contrario: una guía hacia la estandarización), lo cual no quita que puedan vislumbrarse agrupaciones novedosas a partir de esas bases.

Más allá de la necesidad de vender la fuerza de trabajo o la potencia de la imaginación, la clase hacker genera cosas que la clase victorialista la acapara y hace circular en un sentido particular: "el interés de la clase hacker es liberar la información de sus opresiones materiales". El problema no es, entonces, que alguien quiera crear o cree un filtro para mejorar fotos digitales, sino cómo ese filtro termina casi inevitablemente siendo acaparado por Instagram o algún otro vector que la actual matriz que expresa el derrotero de la lucha de clases en un nuevo sentido, dentro del cual toda novedad (sea esta biológica o tecnológica, voluntaria o no) se organiza en flujos monopolizados. En este caso, se reconectan las acepciones de sentido como significado ("tener sentido", ser leído de un modo) y como orientación en el tiempo y el espacio. Recordemos que un vector, en su definición básica matemática, tiene tres partes: la fuerza, la dirección y el sentido. Un vector es una flecha, una potencia (proporcional a su tamaño) dirigida. Lo que hace poderosa a la clase vectorialista no es poseer la fuerza o la potencia, sino la capacidad de definir las direcciones y dirigir los sentidos.

Las creaciones (buenas, malas, constructivas, hermosas, mediocres, perversas) son, entonces, controladas finalmente por la clase vectorialista, que por esa razón se ha convertido, hay que decirlo, en la nueva mecenas del arte. Más allá de las mediaciones y voluntades más visibles, en algún punto, toda labor creativa es convertida en un tipo de valor que favorece a la clase vectorialista. Es por eso que incluso las obras más críticas y disruptivas acaban por alimentar una estructura que las vuelve parte de un funcionamiento vectorialmente dirigido. Esa es la gran paradoja del arte actual, en la que incluso actores relativamente antagónicos (artistas, diseñadores y galeristas, por caso) son tomados como insumo por un mismo mecanismo o matriz general. Si desde el siglo XVIII hasta la época de las vanguardias artísticas, el arte (así como la filosofía, la educación o la ciencia) se pensaba a sí misma como una esfera autónoma por fuera de la horma productiva capitalista, hoy el cuadro se ha transformado. Esta etapa póstuma del capitalismo (o post-capitalismo) es, al decir de

Wark, peor que su antecesora y promete apropiarse de cada elemento existente, desde los metales pesados hasta la imaginación.

26

Al conjugar la actual democratización (enorme, pero de bajo grado) de los medios expresivos con los dispositivos que vienen forjando las subjetividades contemporáneas, surge sin dudas la cuestión de la auto-percepción. En Argentina, muchas universidades públicas tienen hace tiempo regulaciones que reconocen el género auto-percibido de sus estudiantes, lo cual supone un avance extraordinario y, afortunadamente, no ha sido cuestionado. Del otro lado, la insistencia neoliberal en el sujeto *emprendedurista* como actor privilegiado de su discurso instaló un tipo de intervención sobre el "yo" que se monta sobre los reclamos a favor de la expansión de los derechos individuales y habilita un uso forzado de la propia percepción. Así, es normal encontrar, sobre todo entre personas muy jóvenes, personas auto-definidas como artistas, más allá de no tener ningún reconocimiento como tales por parte de pares, instituciones, experiencia o ni siquiera del mercado. Por supuesto, hay profesiones (como la neurocirugía) que están altamente reguladas por la responsabilidad social que se les reconoce. Sin embargo, en el caso del arte, el límite entre ampliación del campo y vaciamiento de contenido es muy fino. ¿Hay algún modo de aprovechar esta confusión en un sentido más constructivo? Los artistas portan todavía una potencia toda vez que sus prácticas y producciones nos permitan un acercamiento a las atmósferas que hacen a la experiencia vital y, en cierta escala, una experimentación *saludable* de tales estados. Por eso, nuevamente, una posible relectura del concepto "consciencia de clase" puede ayudar, en tanto un auto-reconocimiento mayoritario de sujetos como artistas, como creadores y creadoras de la sociedad en la que viven, podría impulsar transformaciones beneficiosas. Para eso, hará falta construir una teoría del valor que lea de otra forma las prácticas e interacciones humanas.

La producción de arte en el siglo XXI se encuentra insoslayablemente vinculada con la conversión de las obras en activos financieros, en acciones que se desarrollan de acuerdo al cálculo de su valorización futura. De allí surge, tal vez, la obsesión por hallar las fórmulas algorítmicas de la predicción. De hecho, parte de la función de las grandes galerías y museos es, actualmente, funcionar como resortes para crear la sensación de que las obras van a ser más caras en el futuro. De modo que, aunque oculto en su discurso cotidiano, el valor monetario de las obras solapa al valor simbólico o estético que suele ensalzarse en textos de sala y diálogos con coleccionistas. Complementariamente, han surgido especialistas en ventas de arte corporativas que directamente muestran a las piezas como inversiones, a clientes que ya no se amparan en el "buen gusto" o el "saber de arte". Como refuerzo, cualquier mirada de los objetos artísticos como "bellos" es tildada de romántica, superficial o extranjera al sistema del arte contemporáneo y, por lo tanto, anulada.

Más allá de eso, la valorización y monetización actual pasa también por espacios más capilares y menos vinculados con la disposición de hacer, sino con la posibilidad de convertir en novedad, en creación y, en definitiva, en dato al mero existir (los horarios, los sueños, la salud, la respiración, la geolocalización). Según Wark, la característica principal de los tiempos actuales es la abstracción, de modo que las clases dominantes anteriores, sin desaparecer, se someten a la vectorialista, representante primordial de la abstracción. Por eso, entiende que ya no nos encontramos, en rigor, dentro del modo de producción capitalista (sino en "algo peor"). De todas maneras, aclara que la clase hacker no es automáticamente equiparable al proletariado clásico, porque este se somete a una producción repetitiva, mientras que aquella está todo el tiempo diferenciando, innovando en algún sentido. El problema central es, nuevamente, comprender cómo se logra subordinar la novedad y qué hacer para enfrentarlo, en un tiempo en el que los Estados, las luchas sindicales y las huelgas parecen haber perdido su efectividad.

Ante eso, Eduardo Grüner sostuvo que "habría que preguntarse cómo pensar críticamente estos nuevos dispositivos de interpelación [redes sociales, *fake news*, etcétera], más insidiosos que los 'aparatos' althusserianos, porque su masividad 'rizomática' los hace aparecer más difusos y democráticos, cuando en verdad tienden al totalitarismo". ¿Cómo separarse, entonces, de la pura y permanente manipulación? ¿Hay algo por fuera del mandato epocal que hace que querramos aún dedicarnos al arte, al pensamiento, a crear comunidades de sentido? ¿Es posible universalizar ese impulso hacia cualquier ser humano, cualquier ser vivo, o la fuerza vital misma del cosmos completo y, a partir de ello, pensar construcciones y circulaciones novedosas? Si asumimos la existencia como una permanente, múltiple y mutua relación contingente de estímulo e influencia que adquiere por momentos intensidades particulares y despliegues irrepetibles, tal vez haya espacio para transitarla o acompañarla de modos diferentes al actual.

En ese sentido, ciertas experiencias estéticas pueden ser muy enriquecedoras y favorecer la aparición de sentidos compartidos. Ante la mercantilización total del mundo, las clases son globales y eso nos coloca ante la necesidad de organizar partidos o ligas globales. Para eso, para superar la impotencia a la que parece conducir, por un lado el gran marco del Antropoceno y por el otro la matriz financiera vectorialista, es fundamental repensar las estrategias y las prácticas. Además, hay que tener en cuenta los recambios generacionales y recordar algo que dijo Silvio Lang: "creer que toda potencia contra-hegemónica será capturada es subestimar nuestra propia fuerza de desobediencia y resistencia y otorgarle al poder amo todo el poder […]. En el desastre subjetivo de la angustia no colectivizada aguarda un 'principio de esperanza' en las prácticas artísticas que elaboran las emociones performativas como campo de afectividad social, en la medida que des-psicologizan o des-interiorizan los sentimientos privatizados y los articulan en una estrategia transindividual que hace una esfera pública alternativa"[8].

8   Palabras expresadas en la mesa "El secuestro de la performance", en el marco del *II Encuentro Internacional: derechos lingüísticos como derechos humanos en Latinoamérica / La furia de la lengua. Reapropiaciones y Resistencias*, (Museo del Libro y de la Lengua, Biblioteca Nacional Mariano Moreno, noviembre/2021).

27

Ahora bien, ¿qué es la creatividad? En el planteo de Wark, parecería haber una instancia "creativa" separada de las condiciones de creación, como si hubiera un núcleo abstracto comparable con el inconsciente psicoanalítico, entendido como una máquina de producir novedad y diferencia que es luego arrebatada. Pero, aunque funciona ciegamente, las formas que lo embisten son las que están a la mano. Cabe, por eso, espacio para pensar cómo influyen los contextos en esa capacidad o característica. El interés de Wark está posado en cómo se subordina esa diferencia, cómo se canaliza a través de sentidos heterónomos. Y, en ese plano, la abstracción o extracción de información es un proceso central en la producción de valor que busca convertir la "primera naturaleza" en información dentro de una matriz que la moviliza de quienes la producen a quienes la circulan.

Una vez descriptas las condiciones estructurales que configuran las clases, resta pensar qué acciones podrían desarrollar la conciencia de clase y las posibilidades de modificar el resultado de la lucha antagónica. En otros términos, lograr que "hackers" de distinta naturaleza (artistas, diseñadores, académicos…) asuman su condición compartida y puedan pensar prácticas comunes, reconociendo que el interés de la clase hacker no es la reapropiación de la información (como en el marxismo del siglo XX: socialización, reapropiación social de los medios de producción) sino la liberación, la libre circulación de la información. Es decir, a este momento histórico le correspondería otra forma de "revolución", de "oposición al poder". ¿Trabajaríamos igual si el producto de nuestro trabajo tuviera garantizada una libre circulación de la cual no dependiera nuestra existencia material? ¿Produciríamos las mismas cosas? ¿En la misma cantidad?

En "Para acabar con la masacre del cuerpo",[9] Félix Guattari organizó apuntes y proclamas a favor de la "liberación de los cuerpos" y la "desaparición de todas las formas de categorías sexuales" que dialogan muy bien con estas preguntas. El texto comienza denunciando cómo el orden imperante "continúa sometiendo toda la vida deseante, sexual y afectiva a la dictadura de su organización totalitaria" y "somete todas las producciones vividas al control de su administración patibularia. Hace de cada individuo un lisiado, cortado de su propio cuerpo, ajeno y extraño a sus deseos". El autor busca en el cuerpo un campo de lucha dentro del que cobran forma fuerzas creativas que son sistemáticamente domadas y organizadas desde afuera: "yo me oprimo porque *yo* es el producto de un sistema de opresión extendido a lo largo de todas las formas de lo vivido". Los tráficos a través de los que la libido oficial controla a los cuerpos "no hacen más que alargar el campo de las frustraciones y de la 'carencia', la cual permite la transformación del deseo en necesidad compulsiva de consumir". En su búsqueda de desmontar mecanismos fuertemente introyectados, Guattari deja traslucir que la creatividad, movida por el deseo, es a la vez una capacidad y una resistencia que puede encauzarse tanto hacia la libertad como hacia la masacre, pero deja abierta la posibilidad de confrontar las fuerzas que lo hacen con fines mercantilizantes.

En este punto, me parece cardinal ampliar la idea de creatividad a un sentido mucho más capilar. La sociedad y el planeta, en su actualidad presente, pueden ser concebidos en un punto como creación de todos los seres humanos, vivos y muertos, pero también de los habitantes no humanos. A cierto nivel, modificar o hacer desaparecer cualquiera de esos entes alteraría en algún grado (aunque pueda ser ínfimo) lo que hoy existe. En esa misma línea, habrá que reflexionar qué implicancias puede tener pensar como "obra" ese aporte que cada cual representa, esa fracción co-autoral de lo que en términos de Joseph Beuys podría llamarse "escultura social". Sobre todo, porque los poderes algorítmicos sí la toman como creación, dato monetizable y emanación de lo que existe, sea por entrega "voluntaria" (como el posteo de fotos y gustos en las redes sociales) o por medio del tendencialmente permanente registro de la realidad a través de todo tipo de dispositivos. Y esos datos, así construidos, son valiosos (en su gran volumen) para la predicción e incitación de las acciones futuras.

Al mismo tiempo, el arte sigue siendo, pese a todo, una plataforma privilegiada para decir algunas cosas con cierta visibilidad en la sociedad. Por eso, otro objetivo debería ser *deslimitar* la figura "artista profesional", desarmar esa figura. Y así como la humanidad como conjunto (aunque, por supuesto, con una jerarquía clarísima de responsabilidades particularizables) creó las terribles condiciones en las que hoy vivimos, todos los miembros de una sociedad *in extenso* pueden ser considerados sus creadores (aplicando, asimismo, la jerarquización de incumbencias).

Ante la caída de las vanguardias artísticas del siglo XX, el espacio de la inventiva y la disrupción fue ocupado por "vanguardias negativas" muy poderosas y creativas a la hora de utilizar las redes mediáticas a su favor. Entonces, ¿qué efectividad puede tener el arte, el discurso artístico, sus prácticas y sus obras en estas condiciones? ¿A quién se le habla, adónde está puesta la mira en el momento de la producción? El "arte contemporáneo" circula en modos y a través de flujos que atraviesan la sociedad desde arriba. Los artistas crean, producen, para ingresar y permanecer en un circuito de circulación. Los campos de interacción del arte actual requieren estrategias específicas para validar obras y artistas que ya no tienen tanto que ver con la territorialidad y apelan a la diferencia específica y la auto-referencialidad de los individuos creadores convertidos en "artistas profesionales".

28

Hay una matriz que permite que surjan estas cosas, un macro sistema del arte global que responde a un meta sistema general de distribución del poder y extracción de las potencias humanas y no humanas en favor de ciertos sentidos. Esa matriz prepara espacios para ser ocupados por artistas de países pobres o de poblaciones oprimidas, que visibiliza ciertas luchas y al mismo tiempo tiende a banalizarlas y utilizarlas como escudos contra las críticas de fondo. En 1971, Glauber Rocha en su "Estética del sueño" ya decía que "el peor enemigo del arte revolucionario es su mediocridad. Delante de la evolución sutil de los conceptos reformistas de la ideología revolucionaria imperialista, el artista debe ofrecer respuestas revolucionarias capaces de no aceptar, en ninguna hipótesis, las evasivas propuestas".

El feminismo (en algunas de sus expresiones actuales) ha demostrado ser una fuerza que sabe enfrentarse a la época. El hecho, por ejemplo, de que un grupo de feministas argentinas haya tomado en 2015 la frase "no es no" como reivindicación es un asidero muy concreto contra la imposibilidad del "no" que busca plantear la época desde la llamada gubernamentalidad algorítmica y el emplazamiento del ciego dinero financiero como fuerza expansiva del capitalismo tardío. La conversión de cualquier objeto del mundo (desde las piernas de una modelo hasta el agua del planeta) en un activo financiero se opone de lleno a la gramática del no, es decir se enfrenta a la negatividad para incorporarla y subsumirla, de modo que cualquier desvío, crítica o anomalía es anexada como parte de un fluir de datos y tomada como valor formal sin espesura conceptual.

¿Qué se puede producir desde ese "no"? En primer lugar, la posibilidad de poner un límite, de construir una política "negativa" o "desde abajo" a las imposiciones capilares del poder biopolítico contemporáneo. Una especie de reactualización de la dicotomía ranceriana entre política y policía, en la que el primer término se modula desde el rechazo (y no desde la búsqueda de ingresar) a la sociedad regulante. No actualizar ciertas potencias puede ser más creativo que actualizarlas, si su único fin es monetización. Como el célebre Bartleby (extensamente citado y analizado), preferir no hacer o, aun más, actuar la desobra son espacios que bien valdría la pena experimentar en la actualidad.

Es un momento que exige la generación de alianzas incómodas, difíciles, no automáticas, no sólo con quienes están obviamente cerca, sino aquellas que permitan trazar otros puentes. Las segmentaciones de lxs oprimidxs son el triunfo de la clase vectorialista. Como propone Sara Ahmed, la política actual podría ser una "acumulación de NOs", pues la experiencia de la subordinación es la privación de la posibilidad de oponerse: "el NO como parte de un proyecto de contra-conocimiento, para contrarrestar con el conocimiento; el NO como una lucha para no reproducir las injusticias que existen. [...] Necesitamos NO ahora; necesitamos NO para ser muchos, para ser impulso".

En su defensa de la renta básica universal, David Casassas encara (de otro modo y con otras referencias) la misma cuestión y expresa que "de lo que se trata es de que todos y todas, sin exclusiones, *podamos* abandonar el mundo del trabajo asalariado. Porque en caso de que decidamos permanecer en él, esa «capacidad de abandono» alimenta un poder de negociación de vital importancia si de lo que se trata es de hacer del trabajo asalariado algo compatible con la libertad efectiva".[10] Del mismo modo el *Tarifario de Artes Visuales*,[11] planteado por varios colectivos artísticos en 2020, se propone como "una herramienta de negociación" y llama a "decir que no", bajo la premisa de que "establecer ese límite es nuestra fuerza para generar nuevas dinámicas".

10   La itálica pertenece al texto original.

11   <https://bit.ly/tarifartes>.

29

Una idea que había sobrevivido hasta hace poco tiempo era que la obra de arte es un artefacto que se sostiene en sí mismo, que busca, al decir de Jean-Luc Nancy, "dar a sentir" y que tiene consecuencias que no pueden ser anticipadas ni medidas unilateralmente. La ubicuidad del lenguaje publicitario y la velocidad de la producción digital hicieron que hoy arte y diseño se confundan insoslayablemente. Esto, junto con la virtual fusión entre artista y obra, tiene como resultado la proliferación permanente de actos de autodiseño que circulan como mercancías. Así, se robustece el punto de vista del "usuario" individual que forja su subjetividad desde una perspectiva forzada a desatender la compleja constelación de las pulsiones que la recorren. Esta subjetividad fue puesta en acto quizás por primera vez con las *selfies* de Paris Hilton y hoy sabemos que cargan con cuotas de soledad y desconsuelo, pero también rechazo de las instituciones tradicionales, celebración de la "desintermediación" y una puerta abierta a una expresividad bulímica.

Sin caer en las sombrías y melancólicas nostalgias por un humanismo[12] que nunca logró distribuir los logros modernos hacia una vida digna para todos los seres humanos, podemos resaltar que, al menos por ahora, la apertura de las vías de la expresión saturan las capacidades de asimilación humanas y sirven más que nada a los grandes jugadores digitales que echan mano de la inteligencia artificial para canalizarlas de acuerdo con sus intereses económico-políticos. Esto sin olvidar que cada click implica un gasto energético y muchísimo trabajo humano invisibilizado.

Como sea, una diferencia sustancial que presenta el siglo XXI con toda la historia de la humanidad es que hoy la inmensa mayoría de las

---

12   Sobre las posiciones y posibilidades de las humanidades y ciencias sociales contemporáneas, difundidas a partir del fracaso del humanismo eurocéntrico, es muy ilustrativo el mapa abierto por Braidotti en *Lo posthumano*.

imágenes que se producen son creadas por máquinas para ser "vistas" por otras máquinas, más allá de casi cualquier intervención humana. Esta cuestión está comenzando a tener profundos efectos en nuestras vidas. Las imágenes invisibles nos observan y orientan, dejando atrás las "meras" funciones de representación y mediación hacia maniobras que se pretenden más activas. Una fotografía digital no es una proyección que refleja la luz, sino un archivo (un conjunto ordenado de datos) legible por máquina que recién es pasible de ser visto por ojos humanos con una aplicación secundaria (software) combinada con una pantalla. Las imágenes digitales sólo aparecen ante nuestra mirada temporalmente, pero en su forma basal nos son inaccesibles. No son objetos "a la espera" de ser mirados, sino que operan independientemente de sus usuarios humanos. A la inversa, las máquinas pueden usar esa información permanentemente.[13]

El uso de esas figuras ocultas incluye operaciones policiales, políticas y comerciales y se extiende especialmente sobre la infinidad de imágenes que compartimos constantemente en plataformas digitales, más allá de que la intención de quien las comparte consista en que sean vistas y gustadas por otras personas. Porque, independientemente de que alguien las mire con esa perspectiva (como fotos de gente, comidas, animales), esas imágenes enseñan a una serie de inteligencias artificiales cómo mejorar la identificación de personas, lugares y objetos; pero también de hábitos, gustos, circunstancias socioeconómicas, etcétera. Y eso aumenta, asimismo, un saber sobre la generación de imágenes "estéticas" que se vende como servicio para inducir compras o disposiciones en las personas (desde Netflix hasta partidos políticos, pasando por marcas de decoración). Así, esa no visibilidad de las imágenes no es tan solo una nueva taxonomía, sino un ejercicio de poder con capacidades aún impensadas sobre nuestra vida cotidiana.

Por otro lado, al menos por ahora, la forma que domina las articulaciones afectadas por los algoritmos responde a la correlación entre cosas o hechos ya ocurridos: hay una correspondencia entre los aumentos de las ventas de helados y la cantidad de personas ahogadas. A veces hay

---

13   <bit.ly/3UFnKKa>. Artistas como Matteo Zamagni y Kim Albrecht realizaron investigaciones en las que se busca poner de manifiesto visualmente la diferencia entre los *puntos de vista* de humanos y máquinas. En la muestra *Confirme humanidad*, de la que participaron ambos, pueden verse algunos ejemplos de esas indagaciones <bit.ly/confirmhumanity>.

factores que explican las correlaciones fácilmente (en el ejemplo anterior, las estaciones del año), pero muchas otras veces se deja que mecanismos automatizados definan el modo de comprender y de actuar. De esa manera, se da lugar a formas que dominan y organizan las potencias sin ser evidentes, a través de modulaciones insinuadas, que vienen demostrando una capacidad geométricamente creciente. Sin embargo, como lo expresaron Nick Axel, Beatriz Colomina, Nikolaus Hirsch, Anton Vidokle y Mark Wigley, quienes compilaron y prologaron el sugestivo libro *Superhumanity: Design of the Self*, "la máquina actualmente en el poder puede aprender –ha demostrado que es capaz de hacerlo– pero no puede pensar por sí misma. Su pensamiento se rige por la retroalimentación [*feedback*]. Está atrapada en un bucle, pero no en el tipo de bucle que crea ciclos sobre sí, sino en una espiral fuera de control".

¿Será posible, frente a eso, configurar un movimiento general o individual de otra naturaleza? ¿Cómo haremos para gestionar las propias imágenes de manera más autónoma?

30

Con toda su infinidad de diferencias y ramificaciones, el paradigma político holocénico pensó a la sensibilidad como una capacidad de comunicación entre un agente sensible y algo que lo preexistía (en acto o en potencia). En otros términos, el ojo fue concebido como el desarrollo de una capacidad de interactuar con la luz para guiarse mejor en el mundo y la alimentación de las crías de las abejas y la polinización de las flores se comprendieron como modos de adaptación mutua a las condiciones de vida que se dieron en un tiempo y espacio determinados. Asimismo, incluso el arte y el pensamiento se postularon como modos de aprehensión de las formas y despliegues del mundo o sus partes. Sin embargo, en todos los casos, se suponía la existencia de fuerzas mayores, anteriores o primarias (la naturaleza, las divinidades, la razón) que servían de molde y permitían entonar las acciones humanas en alguna frecuencia desde las que era posible juzgarlas éticamente.

La llegada del Antropoceno supone un corte radical con la política del Holoceno, al punto de significar un cuestionamiento general acerca de las posibilidades mismas de la política. Los poderes fácticos que se están organizando actualmente (pero no sólo ellos, pues también lo hacen las primeras trazas ideológicas que vienen delineándose hace algunas décadas) ven en el mundo y la técnica un campo de acción abierto. El hecho de pensar el diseño a escala planetaria o incluso cósmica ha roto las barreras de la percepción como apéndice de la adaptación, para trastocar las posiciones de la actividad y la pasividad hasta hacerlas prácticamente inconfundibles, partes móviles de un magma con funciones en permanente desplazamiento.

Bajo este prisma, es posible comprender mejor aquello que se podía vislumbrar ya en la segunda mitad del siglo XX y que dio lugar al apogeo de la neurociencia, la bioingeniería y la lucha por la conquista del espacio. La política ya no es el arte de hacer llegar al humano al desarrollo de sus potencias dentro de un contexto cósmico determinado por fuerzas extrínsecas (de mayor o menor intensidad y claridad), sino la adaptación de ese contexto a las necesidades humanas, a través de dispositivos ético-tecnológicos que prometen un uso discrecional de aquello que existe, la posibilidad de vivir por fuera de la naturaleza "encorcetante", de reescribir su código.

Por supuesto, hoy esas intenciones no son más que fantasías, encarnadas en un puñado de magnates megalómanos, de dudosa realización a la escala proyectada. Sin embargo, eso no quita que sean los vectores que articulan el modo en el que se disponen las relaciones entre todos los residentes del suelo terrestre. Como sea, pasamos de la pugna entre la cultura como civilización de las bestias contra la cultura como desnaturalización mortuoria a la percepción de la naturaleza como escollo y la vejez como enfermedad. Eso implica un cambio absoluto en la idea de percepción, pues la cuestión no es captar algo que ya está allí, sino en una sensibilidad creativa de la que aún no podemos medir las consecuencias.

Antes de los ajustes causados por el covid-19 (que amplificaron exponencialmente cualquier cifra relacionada con el consumo y la interacción digitales), Facebook reconocía una huella de carbono equivalente a la que emiten 85.000 autos en un año. Lo cual no es nada, comparado con Google, que multiplica ese número por 45 (es decir, algo cercano a lo que exhalan cuatro millones de coches en un año). Y, otra vez, esos son guarismos anteriores al estallido de virtualidad en el que nos dejó el covid-19. El polémico Benjamin Bratton dijo en una entrevista que "vale la pena señalar que la huella de carbono de toda la ciencia de la Tierra junta no equivale a una fracción de lo que hace Instagram en unos pocos días",[14] de modo que podríamos pensar que reducir la atención robada por *apps* e *influencers* sería una medida ecológica.

El arte, la filosofía y la política humanas van a desaparecer algún día, junto con nuestra especie y todos sus legados. Pero para ese momento falta mucho tiempo, si lo medimos en la escala de lo que dura una vida individual. De modo que, fijando la vista solamente en el final, lo único que puede haber en entre este instante y la extinción es melancolía, ahogo, odio y dolor. En la Tierra hay millones de seres expuestos cada vez más al sufrimiento. Desde el principio de nuestros tiempos, una zona

14   <https://bit.ly/3rYRR2v> (en castellano, forma parte de la edición de *La terraformación* de Caja Negra).

de nuestra existencia que hoy se identifica borrosamente como "el arte" fue una potencia, una pasión alegre, una pulsión. ¿Recuperará, antes del fin, esa dimensión?

31

La producción humana cambió en su naturaleza, en la materia desde la que surge y la forma en la que es valorizada. Como parte de la producción humana, las artes también lo hicieron. Al decir de Jun Fujita Hirose, "el capitalismo quedó en manos del régimen estadounidense y petrolero durante más de cien años", pero ahora se encuentra "en la transición de los Estados Unidos a la República Popular China a nivel hegemónico, y del petróleo a los metales raros a nivel material", lo cual implica "un nuevo desarrollo económico basado en la descarbonización y la digitalización". Ante esto, presagia que "los flujos de trabajo desocupado pueden entrar en un devenir-sin-papel y en un devenir-mujer a través de las luchas por una distribución universal e igualitaria de subsidios familiares y otros planes sociales". ¿Podría hoy realizarse una performance más contundente que el pedido masivo y simultáneo de cada habitante de una nación de imprimir "sexo femenino" en sus documentos aunque no sea, en principio, más que para jubilarse a menor edad? ¿O de ser "varones" para cobrar mejores salarios? ¿O de eliminar la necesidad de la clasificación? ¿No sería esa una obra de arte decisiva, socialmente relevante y estéticamente extraordinaria? Un acto de autoafirmación, similar al gesto haitiano del "Todos los ciudadanos, de aquí en adelante, serán conocidos por la denominación genérica de negros",[15] que, al decir de Eduardo Grüner, puede ser llamado "universalismo particular, en tanto opuesto al particularismo 'universal' europeo, y en tanto cumple la premisa de un auténtico pensamiento crítico: la de –para decirlo con Adorno– una 'dialéctica negativa' que re-instala en el centro del 'universal' el conflicto irresoluble con el particular excluido, desnudando la violencia de la negación del 'otro' interno, y rechazando las tentaciones del pensamiento 'identitario'".

15   Artículo 14, *Constitución Imperial de Haití* (1805).

¿Por qué retomar la llamada que vive en la pregunta por el arte hoy? Porque resulta una intensificación teórico-crítica de la escena actual y su historicidad; porque sólo a partir de su insistente replanteo pueden cobrar sentido las discusiones en torno al arte no-humano, algorítmico, autogenerado, posthumano, latente, etcétera; porque tensa todas las nociones de contemporaneidad; porque apunta a una fuente de vitalidad existencial.

Bibliografía aludida:

ADORNO, Theodor W. *Teoría estética* (trad. J. Navarro Pérez). Akal. Madrid, 2004.

AGAMBEN Giorgio. *Homo Sacer. El poder soberano y la vida desnuda* (trad. M. Ruvituso). Adriana Hidalgo. Buenos Aires, 1995.

AGAMBEN, Giorgio. *Estado de excepción. Homo sacer II, 1* (trad. F. Costa e I. Costa). Adriana Hidalgo. Buenos Aires, 2004.

AGAMBEN, Giorgio. *Profanaciones* (trad. F. Costa y E. Castro). Adriana Hidalgo. Buenos Aires, 2005.

AGAMBEN, Giorgio. *El tiempo que resta. Comentario a la Carta a los Romanos* (trad. A. Piñero Sáenz). Trotta. Madrid, 2006.

AGAMBEN, Giorgio. *Stasis. La guerra civil como paradigma político. Homo sacer II, 2* (trad. R. Molina-Zavalía). Adriana Hidalgo. Buenos Aires, 2017.

AGAMBEN, Giorgio. *El fuego y el relato* (trad. E. Kavi). Editorial Sexto Piso. México, 2016.

AGAMBEN, Giorgio, Deleuze, Gilles y Pardo, José Luis. *Preferiría no hacerlo: Bartleby el escribiente* (trad. J.L. Pardo Torío). Pre-Textos. Valencia, 2005.

AHMED, Sara. "No" (trad. Nicolás Cuello). *Fanzine Mala Sangre*. Buenos Aires, marzo/2018.

ALTHUSSER, Louis. *Ideología y aparatos ideológicos del Estado* (trad. A.J. Pla). Ediciones Nueva Visión. Buenos Aires, 1974.

ARBOLEDA, Martín. *Gobernar la utopía. Sobre la planificación y el poder popular.* Caja Negra. Buenos Aires, 2021.

ARISTÓTELES. *Metafísica* (trad. T. Calvo Martínez). Gredos. Madrid, 1994.

ARISTÓTELES. *Retórica* (trad. Q. Ranciero). Gredos. Madrid, 1999.

AXEL, Nick; COLOMINA, Beatriz; HIRSCH, Nikolaus; VIDOKLE, Anton y WIGLEY, Mark (eds.). *Superhumanity: Design of the Self.* e-flux Architecture / University of Minnesota Press / The Graham Foundation. Minneapolis, 2018.

BASBAUM, Ricardo. *Manual del artista* (trad. H. Borisonik y S. Amaral). Miño y Dávila editores. Buenos Aires, 2022.

BAUDRILLARD, Jean. *El sistema de los objetos* (trad. F. González Aramburu). Siglo XXI editores. México, 1969.

BAUDRILLARD, Jean. *El intercambio simbolico y la muerte* (trad. C. Rada). Monte Ávila Editores. Caracas, 1980.

BAUDRILLARD, Jean. *Crítica de la economía política del signo* (trad. A. Garzón del Camino). Siglo XXI editores. Madrid, 2010.

Benjamin, Walter. "La obra de arte en la época de su reproductibilidad técnica". *Discursos interrumpidos I* (trad. J. Aguirre). Taurus. Buenos Aires, 1989.

Benjamin, Walter. *Breve historia de la fotografía* (trad. W. Erger). Casimiro. Madrid, 2011.

Berardi, Franco. *El tercer inconsciente. La psicoesfera en la época viral* (trad. T. Lima). Caja Negra. Buenos Aires, 2022.

Beuys, Joseph y Bodenmann-Ritter, Clara. *Joseph Beuys. Cada hombre, un artista. Conversaciones en documenta 5 - 1972* (trad. J.L. Arántegui). Machado Libros. Madrid. 2005.

Biset, Emmanuel. "Atlas teórico". *Arqueologías del porvenir*. <bit.ly/3C7KRGK>.

Borisonik, Hernán; Lang, Silvio y Bardet, Marie. "Hay que salir del régimen del arte". *Sociedad futura*, 15/07/2020. <https://archive.ph/8coBr>.

Braidotti, Rosi. *Lo posthumano* (trad. J.C. Gentile Vitale). Gedisa. Barcelona, 2015.

Bratton, Benjamin. *La terraformación. Programa para el diseño de una planetariedad viable* (trad. Toni Navarro). Caja Negra. Buenos Aires, 2021.

Breton, André; Trotski, León y Rivera, Diego. *Manifiesto por un arte revolucionario independiente* (trad. L. Padilla López). Siglo XXI editores. Buenos Aires, 2019.

Brökling, Ulrich. *El self emprendedor. Sociología de una forma de subjetivación* (trad. K. Böhmer). Ediciones Universidad Alberto Hurtado. Santiago de Chile, 2015.

Büchel, Christoph. "The Mosque: The First Mosque in the Historic City of Venice". Biennal Foundation. <bit.ly/3wsZX67>.

Burello, Marcelo G. *Autonomía del arte y autonomía estética. Una genealogía.* Miño y Dávila editores. Buenos Aires, 2012.

Camfield, William A. *Marcel Duchamp: Fountain.* The Menil Collection. Houston, 1987.

Canguilhem, Georges. "El cerebro y el pensamiento" (trad. L.A. Palau C.), *Revista colombiana de psicología*, n° 5-6, 1997, pp. 18-29.

Casassas, David. *Libertad incondicional. El derecho a la renta básica universal.* Ediciones Continente. Buenos Aires, 2020.

Chirotarrab, Guadalupe. *Promesa y precariedad. Trabajo artístico en Buenos Aires.* Emilia Casiva. Buenos Aires, 2021.

Coccia, Emanuele. *Metamorfosis* (trad. P. Ires). Cactus. Buenos Aires, 2021.

Colebrook, Claire. "Extinct Theory". *En The Death of the PostHuman: Essays on Extinction*, volumen 1. University of Michigan Library. Michigan, 2014.

Colebrook, Claire. "What is the Anthropo-Political?". En Cohen, T., Colebrook, C. y Hillis Miller, J. *Twilight of the Anthropocene Idols.* Open Humanities Press. Londres, 2016.

Cortázar, Julio. "Preámbulo a las instrucciones para dar cuerda al reloj". *Cuentos Completos I*, Alfaguara, 2010.

Costa, Flavia. *Tecnoceno. Algoritmos, biohackers y nuevas formas de vida.* Taurus. Buenos Aires, 2021.

Crutzen, Paul J. y Stoermer, Eugene F. "The Anthropocene". *Global Change Newsletter*, nº 41 (mayo/2000), pp. 17-18.

Cuesta, Micaela. *Experiencia de felicidad. Memoria, historia y política*. Prometeo. Buenos Aires, 2016.

Danto, Arthur C. *Después del fin del arte* (trad. E. Neerman). Paidós. Barcelona, 1997.

Danto, Arthur C. *La transfiguración del lugar común* (trad. Á. y A. Mollá Román). Paidós. Barcelona, 2002.

de Gyldenfeldt, Oscar. "¿Cuándo hay arte?". En Oliveras, Elena (ed.). *Cuestiones de arte contemporáneo. Hacia un nuevo espectador en el siglo XXI*. Emecé. Buenos Aires, 2008.

Debord, Guy. *Comentarios sobre la sociedad del espectáculo* (trad. Luis Andrés Bredlow). Anagrama. Barcelona, 1990.

Deleuze, Gilles. *Lógica del sentido*. Paidós. Barcelona, 2005.

Deleuze, Gilles y Guattari, Félix. *Mil mesetas*. Pre-textos. Valencia, 2008.

Durand, Cédric. *Tecnofeudalismo. Crítica de la economía digital* (trad. V. Goldstein). La Cebra / Kaxilda. Adrogué / Donostia, 2021.

Enwezor, Okwui. "Introduction". *All the World's Futures*. La Biennale di Venezia, Arte, nº 56 (2015). <labiennale.org/en/art/2015/intervento-di-okwui-enwezor>.

Fernández, Milena. "Venecia cierra la mezquita recreada en la Bienal de arte". *El País*, 24/05/2015. <bit.ly/mezqui-tabienal>.

Fisher, Mark. *Realismo capitalista. ¿No hay alternativa?* (trad. C. Iglesias) Caja Negra. Buenos Aires, 2018.

Flusser, Vilém. *Hacia una filosofía de la fotografía* (trad. E. Molina). Sigma. México, 1990.

Flusser, Vilém. *El universo de las imágenes técnicas* (trad. J. Tomasini). Caja Negra. Buenos Aires, 2015.

Flusser, Vilém. *Into Immaterial Culture* (trad. R. Maltez Novaes). Metaflux publishing. San Pablo, 2015.

Foster, Hal. *Design and Crime (And Other Diatribes)*. Verso. Londres. 2002.

Freud, Sigmund. "La interpretación de los sueños" (1899); "Tres ensayos sobre teoria sexual" (1905); "Pulsiones y destinos de pulsión" (1915); "Psicología de las masas y análisis del yo" (1920); "El malestar en la cultura" (1930). En *Obras Completas*. Amorrortu. Buenos Aires, 1979.

Freud, Sigmund. *Análisis terminable e interminable* (trad. J.L. Etcheverry). Amorrortu. Buenos Aires, 2016.

Fukuyama, Francis. *El fin de la Historia y el último hombre* (trad. P. Elías). Planeta. Barcelona, 1992.

Gatto, Ezequiel. *Futuridades : ensayos sobre política posutópica*. Casagrande. Rosario, 2018.

Groys, Boris. *Volverse público. Las transformaciones del arte en el ágora contemporánea* (trad. P. Cortes Rocca). Caja Negra. Buenos Aires, 2014.

Groys, Boris. "The Truth of Art". *e-flux journal*, nº 71 (marzo/2016).

Grüner, Eduardo. "A partir de hoy somos todos negros". *Plus*, nº 6 (Trienal de Chile 2009), pp. 28-32. <bit.ly/3C9jw6N>.

GRÜNER, Eduardo. "Pandemia, Heidegger, big data y los debates pendientes de América Latina" (entrevista de D. Paredes). *Página/12*, 07/02/2021.

GUATTARI, Félix. "Para acabar con la masacre del cuerpo" (trad. A. Esbri Cruz). *Fractal*, nº 69, año XVII, vol. XVIII (abril-junio/2013).

HAN, Byung-Chul. *Psicopolítica. Neoliberalismo y nuevas técnicas de poder* (trad. A. Bergés). Herder. Barcelona. 2016.

HARLAN, Volker y BEUYS, Joseph. *Was ist Kunst? Werkstattgespräch mit Beuys.* Urachhaus. Stuttgart, 1986.

HEIDEGGER, Martin. "El origen de la obra de arte". En *Arte y Poesía* (trad. Samuel Ramos). Fondo de Cultura Económica. México, 1973.

HIROSE, Jun Fujita. *¿Cómo imponer un límite absoluto al capitalismo?* Tinta Limón. Buenos Aires, 2021.

HORKHEIMER, Max y ADORNO, Theodor W. *Dialéctica de la Ilustración* (trad. J. Chamorro Mielke). Akal. Madrid, 2007.

HUI, Yuk. *Fragmantar el futuro. Ensayos sobre tecnodiversidad* (trad. T. Lima). Caja Negra. Buenos Aires, 2020.

HUI, Yuk. *Art and Cosmotechnics.* e-flux / University of Minnesota Press. Minneapolis, 2021.

KABAKOV, Ilya. *Sobre la instalación total* (trad. L. Gárciga). Cocom. México, 2014.

KANT, Immanuel. *Lo bello y lo sublime ensayo de estética y* moral (trad. A. Sánchez Rivero). Calpe. Madrid. 1919.

KANT, Immanuel. *Crítica de la facultad de juzgar* (trad. P. Oyarzún). Monte Ávila editores. Caracas, 2006.

KLONK, Charlotte. *Spaces of Experience: Art Gallery Interiors from 1800–2000.* Yale University Press. Londres, 2009.

KOJÈVE, Alexandre. *Introducción a la lectura de Hegel* (trad. A. Alonso Martos). Trotta. Madrid, 2013.

KROCHMALNY, Syd. "El odio al arte". *Anfibia*, 20/10/2021. <revistaanfibia.com/el-odio-al-arte/>.

LACAN, Jacques. *El seminario. Libro 6. El deseo y su interpretación* (trad. G. Arenas). Paidós. Buenos Aires, 2014.

LACAN, Jacques. *El seminario. Libro 7. La ética del psicoanalisis* (trad. D. Rabinovich). Paidós. Buenos Aires, 1988.

LACAN, Jacques. *El seminario. Libro 10. La angustia* (trad. I.M. Agoff). Paidós. Buenos Aires, 2006.

LACAN, Jacques. *El seminario. Libro 17. El reverso del psicoanálisis* (trad. E. Berenguer y M. Bassols). Paidós. Buenos Aires, 2008.

LACAN, Jacques. "Del discurso psicoanalítico" (trad. O.M. Mater). *El Sigma*, 13/03/2006. <bit.ly/3QFfsiF>.

LAMARCHE-VADEL, Bernard. *Joseph Beuys* (trad. E. Simons). Siruela. Madrid, 1994.

LUDUEÑA ROMANDINI, Fabián. *Arcana Imperii. Tratado Metafisico-Politico.* Miño y Dávila editores. Buenos Aires, 2018.

LYOTARD, Jean-François. *La condición postmoderna. Informe sobre el saber* (trad. M. Antolín Rato). Red Editorial Iberoamericana. Buenos Aires, 1991.

MARCUSE, Herbert. *Eros y civilización* (trad. J. García Ponce). Sarpe. Madrid, 1983.

MARCUSE, Herbert. *El hombre unidimensional* (trad. A. Elorza). Planeta. Buenos Aires, 1993.

Marx, Karl. *El capital. Crítica de la economía política* (trad. P. Scaron). Siglo XXI editores. Buenos Aires, 2008.

Marx, Karl. *El manifiesto comunista* (trad. Pedro Ribas Ribas). Alianza. Madrid, 2011.

Mouffe, Chantal. *El retorno de lo político Comunidad, ciudadanía, pluralismo, democracia radical* (trad. M.A. Galmarini). Paidós. Barcelona, 1999.

Nancy, Jean-Luc. *Las musas* (trad. H. Pons). Aniorrortu. Buenos Aires, 2008.

Nancy, Jean-Luc. *El arte hoy* (trad. C. Pérez López y D. Alvaro). Prometeo. Buenos Aires, 2014.

Navarro, Toni. "¿Hasta qué punto es verdad que lo digital nos libere del cuerpo?". *El País*, 20/03/2022.

Nietzsche, Friedrich. *Sobre verdad y mentira en sentido extramoral* (trad. L.M. Valdés y T. Orduña). Tecnos. Madrid, 1990.

Nietzsche, Friedrich. La genealogía de la moral (trad. A. Sánchez Pascual). Alianza. Madrid, 2000.

Nietzsche, Friedrich. *El origen de la tragedia* (trad. E. Ovejero Mauri). Espasa Calpe. Madrid, 2000.

Ortega y Gasset, José. *Historia como sistema*. Revista de Occidente. Madrid, 1970.

Panofsky, Erwin. *La perspectiva como «forma simbólica»* (trad. V. Careaga). Tusquets. Barcelona, 2003.

Parikka, Jussi. *Una geología de los medios* (trad. M. Gonnet). Caja Negra. Buenos Aires, 2021.

Pound, Ezra. *A B C of Reading*. faber and faber. Londres, 1991.

Rancière, Jacques. *El desacuerdo. Política y filosofía* (trad. H. Pons). Ediciones Nueva Visión. Buenos Aires, 1996.

Rancière, Jacques. "Sobre políticas estéticas". MACBA. Barcelona, 2005.

Rancière, Jacques. *Política, policía, democracia* (trad. M.E. Tijoux). LOM Ediciones. Santiago de Chile, 2006.

Rancière, Jacques. *El destino de las imágenes* (trad. L. Vogelfang y M. Gajdowski). Prometeo. Buenos Aires, 2011.

Rancière, Jacques. *El reparto de lo sensible. Estética y política* (trad. M. Padró). Prometeo. Buenos Aires, 2014.

Rocha, Glauber. "La estética del sueño" (trad. C. Ferrer). *Revista La Caja*, nº 4 (junio-julio/1993), pp. 56-57.

Rouvroy, Antoinette y Berns, Thomas. "Gobernabilidad algorítmica y perspectivas de emancipación: ¿lo dispar como condición de individuación mediante la relación?". *Ecuador Debate*, nº 104, pp. 124-147.

Schwarzböck, Silvia. "Arte y Estado. Sobre el envío argentino a la Bienal de Venecia". *Otra parte*. 04/07/2013.

Scott, Edgardo. *Contacto. Un collage de los gestos perdidos*. Ediciones Godot. Buenos Aires, 2021.

Simmel, Georg. *Filosofía del dinero* (trad. R. García Cotarelo). Capitan Swing. Madrid, 2013.

Smith, Adam. *La teoría de los sentimientos morales* (trad. C. Rodríguez Braun). Alianza. Madrid, 1997.

Smith, Zadie. "Fascinated to Presume: In Defense of Fiction". *The New York Review*, 24/08/2019.

Solaas, Leonardo. "Definiciones del arte". *Medium*, 19/08/2015. <bit.ly/3pm3bnW>.

Souriau, Étienne. *Los diferentes modos de existencia* (S. Puente). Cactus. Buenos Aires, 2017.

Traverso, Enzo. *Melancolía de izquierda. Marxismo, historia y memoria* (Trad. H. Pons). Fondo de Cultura Económica. Buenos Aires, 2019.

VV.AA. *Catalogue of the First Annual Exhibition of the Society of Independent Artists*. William Edwin Rudge. Nueva York, 1917. <bit.ly/2kkBduY>.

Warburg, Aby. *Atlas Mnemosyne* (trad. J. Chamorro). Akal. Madrid, 2010.

Wark, McKenzie. *A Hacker Manifesto*. Harvard University Press. Cambridge, 2004.

Wark, McKenzie. "Designs for a New World". *e-flux journal*, n° 58 (octubre/2014).

Wark, McKenzie. "The Vectoralist Class". *e-flux journal*, n° 65 (mayo/2015).

Wark, McKenzie. *El capitalismo ha muerto. El ascenso de la clase vectorialista* (trad. F. Fernández Giordano). Holobionte Ediciones. Barcelona, 2021.

White, Damian. "Critical Design And The Critical Social Sciences: Or Why We Need To Engage Multiple, Speculative Critical Design Futures In A Post-Political And Post-Utopian Era". *Critical Design / Critical Futures*. <https://bit.ly/3SOu3Ky>.

Zaid, Gabriel. *Los demasiados libros*. Anagrama. Barcelona, 1996.

Zourabichvili, François. *La littéralité et autres essais sur l'art*. PUF. París, 2011.

Zourabichvili, François. *El arte como juego* (trad. P. Rodríguez). Cactus. Buenos Aires, 2021.

Zukerfeld, Mariano. "De niveles, regulaciones capitalistas y cables submarinos: una introducción a la arquitectura política de Internet". *Revista Virtualis. Sociedad de la Información y del Conocimiento*, n° 1 (enero-junio/2010), pp. 5-21.

Zukerfeld, Mariano. "Todo lo que usted quiso saber sobre Internet pero nunca se atrevió a googlear". *Revista Hipertextos*, vol. 1, n° 2 (enero-junio/2014), pp. 64-103.

Agradecimientos

Las reflexiones que se encuentran en estas páginas fueron pensadas dentro de un marco y un proyecto diferente al actual, que por distintas razones debió modificarse e ir encontrando su propia forma, más acotada y menos prolija que la planeada inicialmente. La pandemia de covid-19 y todas sus ramificaciones, pero también una serie muy concreta de relaciones transformaron este proyecto de los modos más variados y lo convirtieron en lo que es.

¿Por qué apostar por un libro en esta época de *papers*, textos de sala, columnas de opinión, *tweets* y otras derivas neoliberales? En mi caso, porque creo que es aún importante defender la experiencia de la escritura y lectura de libros como espacios para poder desarrollar ideas y reflexiones libres y suspender (aunque sea relativamente) la sumisión de la potencia creativa a la escritura a demanda que exigen los formatos de los que se espera un resultado, sea este profesional o económico (si es que hoy esos términos permiten ser separados). También, por la abstracción en el tiempo y espacio que habilita la relación con este tipo de objeto cultural.

A la vez, ¿cómo encarar la escritura en estos tiempos tan particulares? Hasta hace unos pocos años, la actitud general frente a las aulas y los textos era suponer que había *algo* que debía ser entregado, traspasado, transferido. Eso, más allá de cualquier posición personal, está actualmente quebrado y ya no se puede tomar como un hecho autoevidente. Al mismo tiempo, el quiebre de las formas modernas (que sostenía ese modo de pensar las clases y los textos) no dio lugar, a la fecha, al desarrollo de la aceptación generalizada de otra actitud, por lo que todavía nos encontramos en un lugar indefinido, casi anómico. Aún no se ha logrado generar un lenguaje común para poder debatir o intercambiar de alguna forma que sea fructífera para todas las partes participantes y más bien se presentan monólogos encimados que simulan o hacen la pantomima del diálogo. Estas son algunas cuestiones sobre las cuales es preciso prestar atención para que las prácticas contemporáneas no queden girando en falso y en espacios muy solitarios, muy vulnerables y también bastante predecibles.

De modo que la escritura, en estas circunstancias, debió ser sostenida material, intelectual y anímicamente por puntales insoslayables. Este libro se debe en su totalidad al apoyo de Marcela, Ruth y Jorge Turjanski, Lucas Barreiros y Lorena Shejtman, emocionante por la contundencia de los años compartidos y la firmeza de los vínculos; al cálido recibimiento con el que me acogió la Universidad Nacional de San Martín (UNSAM), su Escuela de Humanidades y su Laboratorio de Investigación en Ciencias Humanas; al aliento de Mario Greco, Silvia Bernatené y Silvia Grinberg, movilizado por el cariño y la confianza; a la mirada cándida y constructiva de Fabián Ludueña Romandini y Gerardo Miño; a las lecturas y el compañerismo de Manuel Ignacio Moyano, Marco Mallamaci, Marie Bardet y Silvio Lang; a la presencia de mi madre y la influencia indeleble de mi padre; a la amistad, sostén irremplazable, de Román Tissera, Micaela Cuesta y Eliana Spadoni; y, sobre todo, a la posibilidad de construir un sentido en este sinsentido, a la esperanza en este mundo desesperante, al asidero amoroso que me obsequian Andreas y Alicia.